経済発展と格差

―簡単な家計モデルによる検討―

中嶋 哲也 著

現代図書

はじめに

　経済の動きを考えるとき重要となる主体の1つは、言うまでもなく家計である。本書は、簡単な数式により定式化した家計行動をもとに、経済モデルを作り、モデル内部で経済が時間の経過とともにどのように発展し、所得格差がどうなるかを検討する。

　本書は2部構成になっている。第Ⅰ部は、独立自営の家計のみから構成された経済モデルである。家計の所得がその資本保有量のみで決まる最も簡単な場合から出発し、そこへ信用市場を導入し、さらに資本を人的資本として特定化した場合へと進む。その中で主な検討対象となるのは、貧しい家計が低所得状態から抜け出す際に直面する諸困難である。具体的には、次のような諸点が取り上げられる。

1) 低所得状態から抜け出す過程で超えねばならない境界値の存在は、どのような効果をもたらすか(第1章)。
2) 相対的に豊かな家計の所得上昇は、貧しい家計が低所得状態から抜け出すうえで、プラスの効果を与えるのか、マイナスの効果を与えるのか(いわゆる「トリクルダウン」は生じるのか)、また、そのメカニズムは何か(第2章、第3章)。
3) 信用市場の存在は、所得上昇および家計間の格差に、どのような影響を与えるのか(第2章、第4章)。

　第Ⅱ部では、第Ⅰ部で定式化した家計行動を、企業の生産行動と組み合わせることにより、モデルの拡張をおこなう。なお、この第Ⅱ部で素材としているのは、戦後日本の経済発展である。ま

ず、モデルの説明に入る前に、戦後日本経済のいくつかの特徴を確認する（第 5 章）。具体的には、高度成長⇒低成長⇒長期停滞という、成長率の異なる 3 つの時期を経てきたこと、この 3 つの時期の平均的な失業率は順次上昇したこと、高度成長期に生じた三大都市圏一般への大規模な労働力移動は、低成長期には終了していること、長期停滞期には労働力人口の成長が停止していること、である。そのうえで、これらの諸特徴はどのように整合的に理解できるかを、モデルを利用して考えてみる（第 6 章、第 7 章）。さらに、低成長期と長期停滞期に対応するモデルにおいて、所得格差が拡大する条件、およびその格差拡大を防ぐ政策を検討する（第 8 章）。

　本書が想定するのは、大学院初年次生以上の、専門知識を持つ読者であるが、技術的には一階差分方程式および簡単な微分の知識があれば、理解できる内容となっている。したがって、経済学に関心のある理工系の読者なら、容易に読めるかもしれない。なお、各章のまとめ、および第 5 章と終章を読めば、本書の概要をつかむことができる。

　本書は、現実の経済で生起する諸現象について、直接論じるものではない。現実の経済を抽象化・単純化した経済モデルを作り、その内部で成立する諸結果、およびそれらを生み出すメカニズムを見つけ出すことに力点を置いている。それにより、経済と所得格差の動きを理解するうえで有用な視点が提供できたならば、本書の目標は達成されたと考える。

目　次

はじめに iii

第 I 部　簡単な家計行動にもとづく経済モデル 1

第 1 章　家計の基本モデル 3
  1. 効用 3
  2. 最適な消費と貯蓄 5
  3. 所得 6
  4. 資本の運動方程式と貧困の罠 7
  5. 格差と経済発展 9
  6. まとめ 10

第 2 章　経済発展の初期段階における信用市場の役割 .. 12
  1. 初期状態 12
  2. 信用市場が存在する場合 14
  3. 信用市場均衡 16
  4. Rich による貯蓄の増加 16
  5. Poor による貯蓄の開始 20
  6. 格差の解消 23
  7. まとめ 24
  ●補論●　図 4 における曲線 C と曲線 D の説明 25

第 3 章　教育による人的資本形成 27
  1. 家計の行動 27
  2. 教育部門 29

3．平等社会の場合 31
4．格差社会の場合 32
5．まとめ 36
●補論● 図7についての補足 37

第4章　人的資本形成と信用市場 39
1．家計の行動 39
2．教育部門 42
3．Poorが貯蓄しない場合（$b^P = 0$） 43
4．Poorも貯蓄する場合（$b^P > 0$） 45
5．所得格差持続ケース 47
6．所得格差解消ケース 48
7．まとめ 49
●補論● 人的資本形成関数の特定化 49

第Ⅱ部　企業行動との結合 53

第5章　日本の高度成長期・低成長期・長期停滞期の いくつかの特徴 55

第6章　労働力移動を伴う高成長 60
1．家計の行動 60
2．企業の行動 62
3．雇用率 65
4．恒常状態 65
5．まとめ 67

第7章　労働力移動終了後の低成長および長期停滞 .. 68
1. 保証成長率と労働力人口成長率 68
2. 資本の成長率 69
3. 恒常状態での雇用率 71
4. 労働力人口成長率の低下と雇用率 73
5. まとめ 74

第8章　低成長期・停滞期の所得格差と政策 77
1. 政府支出の効果 77
2. 資産の運動方程式と格差拡大条件 79
3. 格差拡大を防ぎ経済を持続可能にする政策 82
4. まとめ 83
● 補論 ●　(8-5)、(8-8)式の導出 85

終　章 87
1. 低所得家計が直面する諸困難 87
2. 信用市場の役割 89
3. 高成長、低成長、長期停滞 89
4. 所得分配と格差動向 91
5. 残された課題 92

謝　辞 95
参考文献 96

第 I 部 簡単な家計行動にもとづく経済モデル

この第I部は、経済活動を担う主体として独立自営の家計を考え、その行動に焦点を合わせる。一般的には、企業が生産を担い、家計はその企業に労働と貯蓄とを提供する、という枠組みが用いられる[1]。しかし、少なくとも経済発展の初期段階では自営形態の重要度も高いこと、そして何よりも、簡単な枠組みの下で家計間格差と低所得問題の諸側面を考察できることが、第I部で自営家計モデルを用いる理由である。

　第1章は、家計間の相互作用がない、文字通り独立した家計の経済モデルである。そこでの家計は、その期に利用可能な所得をどのように消費と貯蓄に割り振るかを決定する。そして、その貯蓄は次期の資本となり、この資本によって次期の家計所得が決まる。このような繰り返しの中で、所得の動きがどうなるかを考察する。第2章は、第1章のモデルに信用市場を導入する。それにより家計間で資産の貸し借りを通じた相互作用が発生する。さらに、第3章と第4章では、貯蓄が一般的な資本形成ではなく、教育による人的資本形成のために用いられるケースを考察する。このようにモデルを拡張しつつ、格差の動向と低所得脱出に関する諸側面を検討していく。

---

1) 本書でも、第II部では家計、企業、政府の三者を登場させる。

第1章 家計の基本モデル

1. 効用

時間の流れを、$t-1$ 期、t 期、$t+1$ 期、$t+2$ 期・・・と1期間ごとに区切る。そして、例えば消費 c がどの期のものであるか示すため、c_{t-1}、c_t、c_{t+1}・・・といった形で、変数の右下に $t-1$、t、$t+1$ 等を付けて区別することにする。また、個々の家計を区別する必要がある場合には、変数の右上に添え字を付け、例えば家計 i の消費であれば c_t^i と表すことにする。

家計の満足度を効用関数で表すことにする。現在が t 期であるとすれば、家計 i は現在の消費 c_t^i の増加により、効用を高めることができるとする。また、この家計は t 期の時点で将来を意味する $t+1$ 期の家計状況にも、関心を持っているとしよう。ただし、$t+1$ 期には次の世代が家計を引き継いでいて、家計を構成する主体に変化が生じているとする。そのため、現在の家計は将来における家計の効用関数を正確には把握していない、と仮定する。その結果、大雑把ではあるが、現在の家計は将来の家計のために残す貯蓄 b_t^i を増やすこと自体で、自らの効用を高めると仮定する。本書では、以上のことを Stone-Geary 型といわれる次のよ

うな関数を用いて表す[2]。

$$u_t^i = (c_t^i - \overline{c})^\alpha (b_t^i + \overline{b})^{1-\alpha} , \qquad (1\text{-}1)$$
$$0 < \alpha < 1 , \; \overline{c} > 0 , \; \overline{b} \geq 0 .$$

u_t^i は t 期における家計 i の効用の値を表す。$\overline{c}$ と $\overline{b}$ は定数である[3]。家計が存続するためには、最低限必要な消費水準というものがある。$\overline{c}$ はその最低消費水準を表すと解釈できる。$\overline{b}$ は貯蓄 b_t^i がゼロの状況でもうまく扱えるようにするため、便宜上導入された定数である[4]。

t 期における家計 i は、(1-1) 式で表された効用を最大にできるように、消費 c_t^i と貯蓄 b_t^i の大きさを決めると仮定しよう。その際の予算制約は、y_t^i をこの家計の所得として

$$c_t^i + b_t^i = y_t^i , \quad b_t^i \geq 0 \qquad (1\text{-}2)$$

である。なお、家計は次世代に債務を残さない（$b_t^i \geq 0$）と仮定する[5]。

---

[2] このような関数のもとで、Moav (2002)、Galor and Moav (2004) は、「貧困の罠」が生じるモデルを展開した。
[3] もし $\overline{c} = 0$、$\overline{b} = 0$ であれば、効用関数は $u_t^i = (c_t^i)^\alpha (b_t^i)^{1-\alpha}$ というよく知られたコブ・ダグラス型となる。
[4] ただし、本書第Ⅱ部ではさらに単純化して $\overline{b} = 0$ の設定を用いる。
[5] b を次世代への遺産と解釈すれば、b の非負制約は、後継者が相続放棄できることで説明可能である。

2. 最適な消費と貯蓄

前節で定式化した最適化問題を解くと、所得水準 y_t^i に依存して、以下の2つのケースが発生する。

ケース1：$(1-\alpha)y_t^i - \delta > 0$ が成立する場合に、最適な貯蓄と消費は

$$b_t^i = (1-\alpha)y_t^i - \delta , \qquad (1\text{-}3)$$

$$c_t^i = \alpha y_t^i + \delta \qquad (1\text{-}4)$$

となる[6]。ただし、$\delta \equiv \alpha \overline{b} + (1-\alpha)\overline{c}$ である。

ケース2：$(1-\alpha)y_t^i - \delta \leq 0$ が成立する場合に、最適な貯蓄と消費は

$$b_t^i = 0 \qquad (1\text{-}5)$$

$$c_t^i = y_t^i \qquad (1\text{-}6)$$

となる。

ケース1は所得 y_t^i が相対的に高い場合であり、そのとき家計は消費だけでなく、貯蓄も行う。ケース2は所得が低い場合であり、そのときには消費が優先され、次世代のための貯蓄はゼロとなる。

---

[6] 簡単な計算方法は、(1-2) 式より $c_t^i = y_t^i - b_t^i$ として (1-1) 式に代入し、$du_t^i / db_t^i = 0$ となる b_t^i を求めることで、(1-3)式を得るやり方である。

3. 所得

t 期の家計所得 y_t^i は、$t-1$ 期の貯蓄に依存すると仮定する。まず、t 期の家計にとって、引き継いだ貯蓄 b_{t-1}^i は資産である。家計はこの資産を、所得を生む資本 k_t^i として利用し

$$k_t^i = b_{t-1}^i , \qquad (1\text{-}7)$$

とする[7]。そして、この資本 k_t^i にもとづいて、関数

$$y_t^i = f(k_t^i) , \quad f'>0 , \quad f''<0 \qquad (1\text{-}8)$$

に従い、t 期の所得 y_t^i が生まれるとする。関数 $f(k_t^i)$ の特徴は、資本の増加で所得が増え（$f'>0$）、限界所得は逓減する（$f''<0$）、というものである。また、資本を保有しなくとも最低消費をまかなう程度の所得は得られること、ただしその所得水準は次世代に貯蓄を残すほどには高くないこと、を仮定する。すなわち、

$$f(0) > \overline{c} , \qquad (1\text{-}9)$$

$$\delta > (1-\alpha)f(0) \qquad (1\text{-}10)$$

である。

---

[7] $t-1$ 期に存在した資本は1期間で完全に減耗し、t 期には利用できないと仮定している。

4. 資本の運動方程式と貧困の罠

先の 2 節で説明したケース 1 が成立する場合には、(1-3)、(1-7)、(1-8)式より、次のような資本の運動方程式が得られる[8]。

$$k_t^i = (1-\alpha)f(k_{t-1}^i) - \delta \quad (1\text{-}11)$$

図 1 の曲線 C はこの(1-11)式を表している[9]。

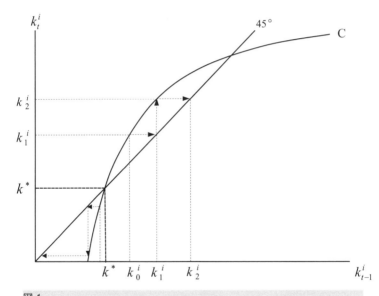

図1

---

8) (1-7)を 1 期間先に進めて、その b_t^i に (1-3) 式、(1-8)式を代入し、得られた式を 1 期間戻せばよい。
9) 図 1 は、資本の生産性がある程度高く、曲線 C が 45 度線と交わることを仮定している。

いま、家計iが保有する資本の初期値（$=0$期の資本）k_0^iが横軸上で与えられると、曲線Cに従い1期の資本k_1^iが縦軸上で決まる。このk_1^iを45度線を利用して横軸上に移す。するとこのk_1^iと曲線Cとから、k_2^iが縦軸上で決まる。このような手順を繰り返すことで、$k_0^i \to k_1^i \to k_2^i \to \cdot\cdot$という資本の動きが把握できる。

ところで、図1で示されているように、資本の水準には

$$k^* = (1-\alpha)f(k^*) - \delta$$

を満たす境界値k^*がある。そして、$k_0^i > k^*$の場合には、この家計は、時間の経過とともに$k_0^i \to k_1^i \to k_2^i$と資本を増やし、それにより所得が増加していく。しかし、たとえ初期に資本を所有していたとしても、その保有水準がk^*を下回っていれば、貯蓄の減少により資本・所得は減り続け、その家計はやがて資本を所有しない家計へと転落せざるをえなくなる。このような境界値k^*の存在は、一旦捕まれば（すなわちk^iがk^*より低くなれば）、そこから抜け出すのが困難となる「貧困の罠」が存在することを意味する[10]。

以上の結果を、命題1としてまとめておく。

命題1：個々の家計が保有する資本の水準に関して、ある境界

---

10) 本章のモデルでは、Moav（2002）と同様に、貯蓄が所得の凸関数となることから「貧困の罠」が発生している。これに対して、技術の非凸性を仮定して、Banarjee and Newman（1993）、Galor and Zeira（1993）は「貧困の罠」を論じた。

値が存在し、家計の保有する初期資本がその境界値を超えれば、その家計の資本は継続的に増加する。しかし、初期資本が境界値に達していない場合には、その家計の資本は減少を続け、やがてゼロになる。

このモデルにおいて、家計が低所得状態から抜け出すには、次世代に資本を残せるだけでは不十分である。低所得から脱出するためには、自らが受け取った以上の資本を、次期の家計に残せなければならない。そして、そのためには一定以上の所得をもたらす初期資本が必要となる。資本ゼロからの所得上昇が困難なだけでなく、たとえプラスの初期資本を保有していたとしても、それが境界値以下であれば、なお低所得からの脱出はできない。

また、この境界値の存在は、各家計の初期資本が境界値の両側に分かれて分布しているとき、時間の経過とともに、貧しい家計と豊かな家計とへ、家計の二極分解が進むことも意味している。

5. 格差と経済発展

個々の家計が所有する資本の合計がこの経済の総資本であり、個々の所得の合計が経済の総所得である。総所得の増加を経済発展とみなすならば、経済発展のためには、初期にk^*を上回る資本を所有する家計の数を、できるだけ増やすことが必要とな

る。いま、各家計が初期に保有する資本の平均値が、境界値 k^* を上回っているとしよう。この場合、資本の保有を平等化する政策により、各家計の保有する k^i を、平均値の近傍に集めることができるならば、それは大多数の k^i が k^* を上回る状況の成立を意味することになる。その結果として、大多数の家計はそれ以後の期間で資本を順調に増やし、経済発展が進む。すなわち、平等化政策により経済発展が促進されるわけである。他方で、平均値が境界値 k^* を下回っている場合には、k^i を平均値近傍に集める平等化推進は、経済発展と逆行する。以上を命題2としてまとめておく[11]。

命題2：家計が所有する資本の平均値が境界値を上回るときに、資本所有の平等化は経済発展を促進し、逆に、平均値が境界値を下回るときには、資本所有の平等化は経済発展を妨げる可能性がある。

6. まとめ

消費と貯蓄は、その増加によって家計の効用を高める点で共通性を持つ。しかし、特に所得が低い状況では、両者の優先度にはっきりとした差が発生する。消費には、生活を維持するために必要不可欠な最低水準があるが、貯蓄は場合によってはゼロですますこともできる。この違いを反映し、貯蓄が増え始

---
11) これは Moav (2002) が示したものである。

るには、ある程度以上の所得水準が必要となる。さらに、所得に占める貯蓄の割合は、所得の増加とともに上昇する。このような貯蓄が次期の資本を形成し、次期の各家計の所得水準を決める。すると、ある境界値を超える初期資本を保有し、そのために所得が高い家計は、次期に大きな貯蓄を残せるので、次期の家計はさらに大きな資本と所得を持つことになる。その反対に、初期の資本が境界値以下の家計は、低所得のため貯蓄は十分に行えず、自分が受け継いだ量以下の資本しか、次期の家計に残せなくなる。こうして、資本に関する境界値の存在は、資本と所得を継続的に高める家計と、それができない家計とに、家計を二極分解する役割をはたす。

　ところで、この章における各家計の資本は、受け継いだ貯蓄の量のみで決まると仮定してきた。もし、信用市場が存在し、そこでの貸し借りを通じた資本形成も可能であるならば、事態はどのように変化するのだろうか。次の章ではこの点について検討してみる。

第 2 章　経済発展の初期段階における信用市場の役割 [12]

　この章では、第 1 章のモデルに信用市場を導入する。それにより、家計所得の動きがどのように影響されるかを見ることで、信用市場の生み出す効果を考えてみる。

1. 初期状態

　経済発展の初期段階で、家計間に格差が存在する状況を想定しよう。一方で、前世代より受け取った貯蓄が相対的に多い家計（以下、Rich とする）が η の割合で存在し、他方で、受け取った貯蓄が少ない（あるいはゼロの）家計（以下、Poor とする）が $1-\eta$ の割合で存在する、と仮定する。そして、Rich についての変数には右上に R を付け、Poor についての変数には右上に P を付けて区別することにしよう。例えば、初期（0 期とする）に Rich が受け取った貯蓄を b_0^R、Poor が受け取った貯蓄を b_0^P とする。さらに、Poor の初期貯蓄ゼロ（$b_0^P = 0$）という単純な場合を考えよう。また、Rich についても貯蓄 b_0^R を受け取ってはいるが、その水準は前章の境界値 k^* に達しておらず、

---

[12] 第 2 章の内容は Nakamura and Nakajima (2011) にもとづく。

$$0 < b_0^R < k^*$$

であるという、経済発展の初期状態を考えることにする。

　もし、モデルが前章のままであるならば、この状況からの経済発展は不可能である。0期において、Poorについて $b_0^P = k_1^P = 0$ のとき、(1-10)式より

$$(1-\alpha)y_1^P - \delta = (1-\alpha)f(0) - \delta < 0$$

であるから、前章のケース2が成立し、1期においても $b_1^P = 0$ となる。すなわち、Poorの所得は低すぎて、1期にも次世代のために貯蓄することができず、無貯蓄・無資本・低所得の悪循環が継続する。Richについては、貯蓄の運動方程式は、(1-7)、(1-11)式より

$$b_t^R = (1-\alpha)f(b_{t-1}^R) - \delta \qquad (2\text{-}1)$$

となる。図2の曲線Cがこの(2-1)式を表す。ここでは $b_0^R < k^*$ と仮定しているので、図2が示すように、$b_0^R > b_1^R > b_2^R > \cdots$ と時間の経過とともにRichの貯蓄の減少が続くことになる。こうして、すべての家計が貯蓄を増やさないので、資本は増えず経済発展は生じようがない。

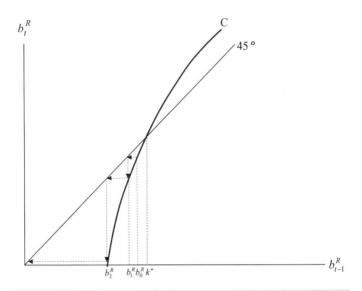

図2

2. 信用市場が存在する場合

　さて、前節で示したような初期状況において、信用市場が果たす役割を検討してみよう。ここで、次のような信用にもとづく取引が、成立する場合を考える。まず、Rich は受け取った貯蓄 b_{t-1}^R を資本 k_t^R として自ら利用するだけでなく、一部分は信用市場で貸し出すと仮定する。また、利子を支払えば、Poor も信用市場での借り入れによって、資本 k_t^P を調達できると仮定する。こうして、信用市場で決まる利子率 r_t の下で[13]、両家計はそれ

---

13) 便宜上、以下では粗利子率＝利子率+1 を単純に利子率 r と呼ぶことにする。

ぞれの所得 y_t^i が最大になる資本 k_t^i の水準を選ぶ状況を考えてみよう。

この場合の所得 y_t^i は、貸し手となる Rich にとっては、自らの資本利用による $f(k_t^R)$ プラス信用市場での利子収入となり、借り手となる Poor の所得 y_t^P は、$f(k_t^P)$ マイナス利子費用である。以上をまとめて式で表すと、各家計はその所得

$$y_t^i = f(k_t^i) + r_t(b_{t-1}^i - k_t^i) , \quad i = R, P \qquad (2\text{-}2)$$

を最大にできるように k_t^i を選ぶ、ということになる。そして、この所得最大化のための条件は

$$f'(k_t^i) = r_t \qquad (2\text{-}3)$$

である。利子率 r の値はどの家計にとっても共通であると仮定すると、(2-3) よりそれぞれの家計が選ぶ資本の水準 k_t^i も同一となり

$$k_t^R = k_t^P \equiv k_t \qquad (2\text{-}4)$$

である[14]。

---

[14] 信用市場における取引手数料を考慮すると、貸し手にとっての利子率と借り手にとっての利子率には差が発生するが、ここでは簡単化のため手数料ゼロを仮定している。Nakamura and Nakajima (2011) は、取引コストがある場合を検討している。

3. 信用市場均衡

 Rich が b_{t-1}^R の一部を信用市場で貸し出し、Poor が k_t^P の調達に必要な全額を借り入れる状況で、貸し借りが一致する市場均衡は

$$\eta(b_{t-1}^R - k_t^R) = (1-\eta)k_t^P \qquad (2\text{-}5)$$

と表すことができる。左辺は Rich の貸し出しであり、右辺は Poor による借り入れである。(2-4) を考慮して (2-5) を書き換えると

$$k_t = \eta b_{t-1}^R \qquad (2\text{-}6)$$

となり、これは両タイプの家計が利用する資本 k_t が、Rich の貯蓄のみによって提供されていることを表す。

4. Rich による貯蓄の増加

 (1-3)、(2-2)、(2-3)、(2-4)式より、Rich の貯蓄について

$$b_t^R = (1-\alpha)[f(k_t) + f'(k_t)(b_{t-1}^R - k_t)] - \delta \qquad (2\text{-}7)$$

が得られる。さらにこれを (2-6) 式を用いて書き換えると、Rich の貯蓄の運動方程式は

$$b_t^R = (1-\alpha)[f(\eta b_{t-1}^R) + (1-\eta)f'(\eta b_{t-1}^R)b_{t-1}^R] - \delta \qquad (2\text{-}8)$$

となる。

この方程式の特徴を知るため、まず $\eta \to 1$ として、信用市場で貸す相手がいなくなる状況を考えてみよう。すると、この(2-8)式は

$$b_t^R = (1-\alpha)f(b_{t-1}^R) - \delta$$

に収束する。すなわち、貸す相手がいなくなると、信用市場が存在しない場合に成立する(2-1)と同じ式になる。図3の曲線Cはこの(2-1)式を表している。さらに、(2-8)式については

$$db_t^R / d\eta = (1-\alpha)(1-\eta)f''(\eta b_{t-1}^R)(b_{t-1}^R)^2 < 0$$

が成立する。すなわち、η の値が小さくなり信用市場で貸し付ける相手が増えるほど、b_{t-1}^R のもとで生み出される b_t^R が増え、(2-8)式に対応する曲線は、曲線Cから上方に向かってシフトしていく。以上のことから、信用市場での貸し借りの成立は、Richによる貯蓄の増加を促進し、その結果、図3の b_0^R のような k^* より低い初期値からでも、Richの貯蓄の継続的増加が始まることがわかる。

命題3：信用市場の存在は、Richの貯蓄を促進し、低い初期貯蓄からでも貯蓄の継続的増加を開始させる効果を持つ。

この命題3が成立する理由は、次のようである。もし、信用市場が存在せず、Richが前世代から受け取った貯蓄のすべてを、

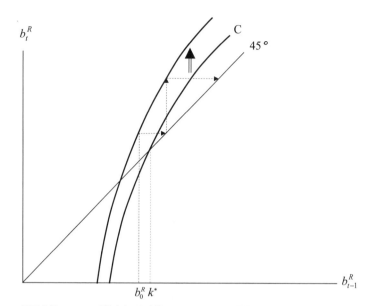

信用市場でRichが貸す相手が増えると、Richの貯蓄の運動方程式を表す曲線は、曲線Cから上へ向かってシフトしていく。

図3

資本として自らが用いるならば、資本の限界収入は大きく逓減してしまう。ところが、貯蓄の一部を信用市場で貸し出すことができるならば、資本の限界収入逓減の効果を軽減しつつ、利子収入を得ることができる。こうしてRichの所得が増加するので、将来世代のための貯蓄が促進される。

次に、資本kの動きを調べてみよう。資本は(2-6)式にもとづき、Richの貯蓄によって形成される。そこで、(2-6)式を用いて

第2章 経済発展の初期段階における信用市場の役割　　19

(2-7)式を書き換えると、次のような資本の運動方程式

$$k_t = (1-\alpha)[\eta f(k_{t-1}) + (1-\eta)f'(k_{t-1})k_{t-1}] - \eta\delta \quad (2\text{-}9)$$

が得られる。これは、Rich自身の資本利用による所得と、Poorから受け取る利子所得とにより、資本が蓄積されることを意味している。

図4において、この(2-9)式は曲線Dとして描かれている。また、比較のため、信用制度がない場合の資本の運動方程式（上付きiを除いた(1-11)式）

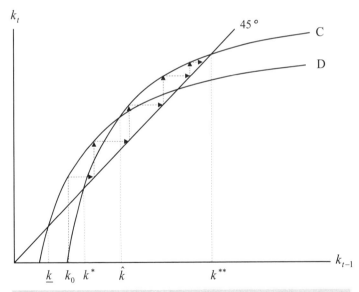

図4

$$k_t = (1-\alpha)f(k_{t-1}) - \delta \qquad (2\text{-}10)$$

も、曲線 C として示されている[15]。図 4 は、信用市場が存在する場合の特徴の 1 つを示している。すなわち、資本の初期値 k_0 が境界値 k^* を下回る場合でも、$\underline{k} < k_0 < k^*$ であれば、資本蓄積が開始される、ということである。

5. Poor による貯蓄の開始

前節では、主に Rich に注目してきた。それでは Poor はどうなるかを検討してみよう。(2-2)、(2-3)、(2-4) 式より Poor の所得は

$$y_t^P = f(k_t) - f'(k_t)k_t \qquad (2\text{-}11)$$

である。$dy_t^P / dk_t = -f''(k_t)k_t > 0$ なので、たとえ利子負担があったとしても、均衡において借り入れで調達する資本 k が増加すれば、Poor の所得は必ず上昇する。Rich の貯蓄が増えて貸し出しが増え、k が大きくなるとき、利子率 r が低下する。そのため、Poor の借入れに伴う利子負担は軽くなり、Poor の所得も高まっていく。

Poor の所得 y^P の上昇が続けば、やがて $(1-\alpha)y^P - \delta > 0$ と

---

[15] 図 4 における曲線 C と曲線 D の関係については、5 節の説明および補論を参照せよ。

なり、前章の (1-3) 式が示すように、Poor も貯蓄 b^P が残せる状況になる。なお、後の議論で利用するため、Poor の貯蓄がゼロからプラスの値へと変化する境界での資本水準を $\hat{k}$ と定義する。すなわち、(1-3)、(2-11)式より、$\hat{k}$ を

$$(1-\alpha)[f(\hat{k}) - f'(\hat{k})\hat{k}] - \delta = 0 \qquad (2\text{-}12)$$

を満たすものとしよう。

それでは、k が $\hat{k}$ を超え、Rich だけでなく Poor も貯蓄を残す場合に、資本の運動方程式はどうなるかを考えてみたい。まず、$b^R > 0$ かつ $b^P > 0$ の場合の信用市場均衡は

$$\eta(b_{t-1}^R - k_t) = (1-\eta)(k_t - b_{t-1}^P) \qquad (2\text{-}13)$$

と表せる。左辺は Rich による貸し出しを意味し、右辺は Poor による借り入れを意味する。これを書き換えると

$$\eta b_{t-1}^R + (1-\eta) b_{t-1}^P = k_t \qquad (2\text{-}14)$$

となり、資本は経済の平均的貯蓄に対応していることがわかる。ところで、Rich の貯蓄の動きは(2-7)より

$$b_t^R = (1-\alpha)[f(k_t) + f'(k_t)(b_{t-1}^R - k_t)] - \delta \qquad (2\text{-}15)$$

であり、同様に Poor についても

$$b_t^P = (1-\alpha)[f(k_t) + f'(k_t)(b_{t-1}^P - k_t)] - \delta \quad (2\text{-}16)$$

である。(2-15) の両辺に η を乗じ、また (2-16) の両辺に $1-\eta$ を乗じたうえで、両式を足し合わせ、(2-14) を考慮すると、

$$k_t = (1-\alpha)f(k_{t-1}) - \delta$$

が導出できる。これは (2-10) と同じであり[16]、したがって Poor も貯蓄を残す場合には、資本の運動方程式を表す曲線は、図4の曲線 C と一致する。

ここで、曲線 C と曲線 D との交点に対応する k_{t-1} の値について、調べてみよう。(2-9) 式右辺の値と (2-10) 式右辺の値とが一致するところでは

$$(1-\alpha)[f(k_{t-1}) - f'(k_{t-1})k_{t-1}] - \delta = 0$$

が成立していることを容易に確認できる。すなわち、曲線 C と曲線 D との交点に対応する k_{t-1} の値が、(2-12) を成立させる境界値 $\hat{k}$ である。

以上から、Rich による貯蓄増加により、図4の曲線 D に沿って資本 k が増加し、曲線 C との交点を超えたところで、Poor も

---

[16] Rich と Poor とは同量の資本を利用し同量の生産を行う。利子所得のやり取りがあるので Rich と Poor の所得は異なるが、線形の貯蓄関数のため資本の動きは単一家計の場合と同様になる。

貯蓄を開始することがわかった。そして、図4が示すように、その後に資本は曲線Cに沿って増加することになる。

命題4：Richによる資本蓄積が進む中で、利子率の減少とともにPoorの所得は上昇する。さらに、資本がある一定水準を超えたときPoorも貯蓄を開始する。

6. 格差の解消

長期において、図4が示すように資本 k_t は k^{**} に収束し、経済は定常状態となる。資本が k^{**} に収束するとき、RichとPoorとの格差はどうなっているのだろうか。貯蓄格差を

$$\Delta b_t \equiv b_t^R - b_t^P$$

とすると、(2-15)、(2-16)式より、その動きは

$$\Delta b_t = (1-\alpha)f'(k_t)\Delta b_{t-1} \qquad (2\text{-}17)$$

で知ることができる。ところで、図4において、曲線Cは $k_t = k^{**}$ のところで、45度線を上から切っている。したがって、$k_t = k^{**}$ のところでは、曲線Cの傾きは1より小さく、条件

$$0 < (1-\alpha)f'(k^{**}) < 1 \qquad (2\text{-}18)$$

が成立している。すると、(2-17)式において長期的には

$$(1-\alpha)f'(k_t) \to (1-\alpha)f'(k^{**}) < 1$$

であるから、図5が示すように、RichとPoorの貯蓄格差Δbはゼロに向かう。貯蓄格差の解消とともに両者の間の貸借はなくなり、所得格差も解消する。

命題5：長期的には、資本は定常状態に収束し、RichとPoorとの所得格差は解消される。

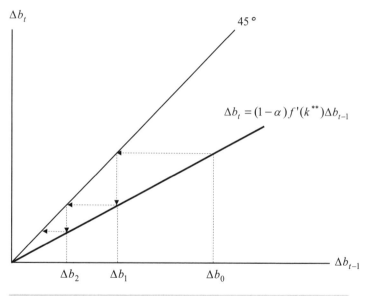

図5

7．まとめ

以上の簡単なモデルは、信用市場が経済発展に対して、理想的に作用する例を示している。信用市場は、資産の効率的利用

を通じて、初期段階で Rich の所得増加と、それによる資本蓄積を促進する。次に、Rich による資本蓄積は、利子率低下を伴って、Poor の所得増加と貯蓄開始を可能にする。いわゆる「トリクルダウン」が発生するわけである[17]。さらに、長期的に利子率が低下するなかで、Rich と Poor の間の貯蓄格差・所得格差が解消されていく[18]。これは、信用市場が存在することにより、経済発展と平等化の両方が、進展することを意味する。

●補論● 図 4 における曲線 C と曲線 D の説明

図 4 において、$k^* < \hat{k} < k^{**}$ となることを説明する。

まず、$k_{t-1} = k^*$ のとき、$(1-\alpha)f(k^*) - \delta = k^*$ および $(1-\alpha)f'(k^*) > 1$ であることを考慮すると、(2-9)式は

$$k_t = (1-\alpha)[\eta f(k^*) + (1-\eta)f'(k^*)k^*] - \eta\delta$$
$$= \eta[(1-\alpha)f(k^*) - \delta] + (1-\eta)(1-\alpha)f'(k^*)k^*$$
$$= \eta k^* + (1-\eta)(1-\alpha)f'(k^*)k^* = [\eta + (1-\eta)(1-\alpha)f'(k^*)]k^* > k^*$$

となり、したがって曲線 D は曲線 C より上に位置する。また、$k_{t-1} = k^{**}$ のとき、

---

17) 本章とは異なり、Galor and Moav (2004) におけるトリクルダウンは、Rich による物的資本蓄積が Poor の人的資本への報酬を高める形で生じる。
18) 家計間で貸借が生じるモデルではないが、新古典派成長モデルを用いて、Stiglitz (1969) は長期に平等が成立することを示した。

$$(1-\alpha)f(k^{**}) - \delta = k^{**}$$

および $(1-\alpha)f'(k^{**}) < 1$ であることを考慮すると、(2-9)式は

$$\begin{aligned}
k_t &= (1-\alpha)[\eta f(k^{**}) + (1-\eta)f'(k^{**})k^{**}] - \eta\delta \\
&= \eta[(1-\alpha)f(k^{**}) - \delta] + (1-\eta)(1-\alpha)f'(k^{**})k^{**} \\
&= \eta k^{**} + (1-\eta)(1-\alpha)f'(k^{**})k^{**} \\
&= [\eta + (1-\eta)(1-\alpha)f'(k^{**})]k^{**} < k^{**}
\end{aligned}$$

となり、したがって曲線Dは曲線Cより下に位置する。

さらに、曲線Cの方程式(2-10)を微分すると

$$dk_t/dk_{t-1} = (1-\alpha)f'(k_{t-1})$$

であり、曲線Dの方程式(2-9)を微分すると

$$dk_t/dk_{t-1} = (1-\alpha)[f'(k_{t-1}) + (1-\eta)f''(k_{t-1})k_{t-1}]$$

である。$f''(k_{t-1}) < 0$ であるから、任意の k_{t-1} のところで曲線Dは曲線Cより傾きが緩やかである。

以上から、$k^* < k_{t-1} < k^{**}$ となるある k_{t-1} のところで、曲線Cと曲線Dとが1度だけ交わることがわかる。本章5節で説明されているように、この交点に対応する k_{t-1} が $\hat{k}$ であるので、$k^* < \hat{k} < k^{**}$ が成立する。

第3章　教育による人的資本形成 [19]

　第1章と第2章では、家計が次世代へ渡す貯蓄は、一般的な資本として利用されると仮定した。それに対して、この章では、移転される貯蓄は、次世代の教育のために用いられ、それにより人的資本が形成される、というケースを検討する。その際、学費に代表される教育費用の動向が焦点となる [20]。

1. 家計の行動

　消費 c_t^i および貯蓄 b_t^i に関する家計行動に関しては、第1章と同じであると仮定する [21]。したがって、所得 y_t^i の水準に応じて、次のケース1またはケース2が成立するものとする。

---

19) この章の内容は Nakajima and Nakamura (2009) にもとづく。
20) 家計が学費等の教育費を私的に支払う制度のみを、以下では考察する。公的教育と私的教育の制度比較に関しては、Glomm and Ravikumar (1992)、Bräuninger and Vidal (2000)、Galor and Moav (2006) 等により議論されている。
21) Nakajima and Nakamura (2012) は、貯蓄ではなく次世代の人的資本水準から家計が効用を得る場合にも、基本的に本章と同様の結果が成立することを確認している。

ケース1：$(1-\alpha)y_t^i - \delta > 0$ が成立する場合

$$b_t^i = (1-\alpha)y_t^i - \delta, \qquad (3\text{-}1)$$

$$c_t^i = \alpha y_t^i + \delta \qquad (3\text{-}2)$$

ただし、α と δ は定数で $0 < \alpha < 1$、$\delta > 0$。

ケース2：$(1-\alpha)y_t^i - \delta \leq 0$ が成立する場合

$$b_t^i = 0, \qquad (3\text{-}3)$$

$$c_t^i = y_t^i. \qquad (3\text{-}4)$$

ケース1は所得 y_t^i が相対的に高い場合であり、そのとき家計は消費 c_t^i だけでなく、次世代のための貯蓄 b_t^i も確保する。ケース2は相対的に低所得の場合であり、貯蓄はゼロである。

ここで、t 期の家計所得 y_t^i は、$t-1$ 期に受けた教育 e_{t-1}^i によって形成される人的資本 $h(e_{t-1}^i)$ に依存し

$$y_t^i = h(e_{t-1}^i), \quad h'(e_{t-1}^i) > 0 \qquad (3\text{-}5)$$

であると仮定しよう[22]。さらに、簡単化のため、人的資本は教育水準 e_{t-1}^i の一次関数であり

---

[22] 単純化のため、人的資本1単位から所得1単位が生まれるとしている。

$$h(e_{t-1}^i) = ae_{t-1}^i + \overline{e}, \quad a > 0, \quad \overline{e} > 0 \qquad (3\text{-}6)$$

とする。また、教育1単位の価格をpとし、t-1期の教育費用はb_{t-1}^iで支払われ

$$p_{t-1}e_{t-1}^i = b_{t-1}^i \qquad (3\text{-}7)$$

であるとする。以上の (3-1)、(3-5)、(3-6)、(3-7) 式を考慮すると、ケース1の場合に

$$\begin{aligned} &p_t e_t^i = Ae_{t-1}^i - D, \\ &A \equiv (1-\alpha)a, \quad D \equiv \delta - (1-\alpha)\overline{e} > 0 \end{aligned} \qquad (3\text{-}8)$$

が導出できる[23]。

2. 教育部門

教育は学生と教員との共同作業で成立する。そこで、教育は次のようなコブ・ダグラス型関数

$$E_t = (L_t^S)^{1-\beta}(h(e_{t-1}^i)L_t^T)^\beta, \quad 0 < \beta < 1 \qquad (3\text{-}9)$$

で表されるとする。E_tは総教育、L_t^Sは学生数、L_t^Tは教員数、$h(e_{t-1}^i)L_t^T$は教員の総人的資本を表す。これは、学生数と教員の

---
[23] 定数項$D > 0$の仮定は、$b_{t-1}^i = e_{t-1}^i = 0$の場合にケース2になることを保証している。

人的資本総量が2倍になれば、教育量も2倍になるという、1次同次関数である。(3-9) 式の両辺を L_t^S で割ると、学生1人あたり教育 e_t の生産関数

$$e_t = E_t / L_t^S = (h(e_{t-1}^i)\tau_t)^\beta, \quad \tau_t = L_t^T / L_t^S$$

が得られる。τ_t は学生1人あたり教員数である。便宜上、この式を逆関数の形で

$$h(e_{t-1}^i)\tau_t = e_t^{1/\beta} \tag{3-10}$$

としておく。

教育部門は非営利機関により運営され、教員に支払われる賃金は、その人的資本 $h(e_{t-1}^i)$ に等しい額であるとする[24]。そして、教育1単位の価格 p_t は、ゼロ利潤条件

$$p_t E_t = h(e_{t-1}^i) L_t^T$$

を満たすよう決まるとしよう[25]。この式の両辺を L_t^S で割ると

$$p_t e_t = h(e_{t-1}^i)\tau_t \tag{3-11}$$

---

[24] ここでの家計は、一般に人的資本に等しい所得を受け取っている。これに対応し、教員として働く家計にもその人的資本に等しい賃金を支払っていると仮定する。

[25] 単純化のため、教員に支払う人件費のみを費用とする。なお、学生自身が投入側に入るモデルにおいて、Rothschild and White (1995) はゼロ利潤価格が効率的であることを示している。

が得られる。

3. 平等社会の場合

まず、すべての家計が同一の教育を受け、$e^i = e$ である場合から考えよう。(3-8)、(3-10)、(3-11) 式より導出できる教育水準 e の運動方程式は

$$e_t = (Ae_{t-1} - D)^\beta \qquad (3\text{-}12)$$

となる。図6における曲線はこの (3-12) 式を表し、e^* と e^{**} は2

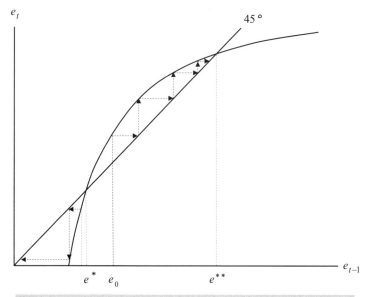

図6

つの定常状態である。図6が示すように、初期教育水準e_0が境界値e^*より高く$e_0 > e^*$であれば、時間の経過とともに教育水準は上昇し、長期的にはe^{**}へ収束する。その逆に、初期教育水準がe^*より低ければ、時間の経過とともに教育水準は減少していく。

4. 格差社会の場合

前述のモデルに家計間の格差を導入してみる。初期に相対的に高い教育水準にあるRichがηの割合で存在し、相対的に低い教育水準にあるPoorが$1-\eta$の割合で存在する、と仮定する。Richの教育水準をe^R、Poorの教育水準をe^Pと表すことにする。そして、そのどちらの初期値も境界値e^*を上回り

$$e^* < e_0^P < e_0^R \tag{3-13}$$

であるケースを検討する。

両家計の教育支出は(3-8)式より

$$p_t e_t^R = A e_{t-1}^R - D \tag{3-14}$$

$$p_t e_t^P = A e_{t-1}^P - D \tag{3-15}$$

である。したがって、教育への総支出は

$$p_t(\eta e_t^R + (1-\eta)e_t^P) = \eta(A e_{t-1}^R - D) + (1-\eta)(A e_{t-1}^P - D) \tag{3-16}$$

となる[26]。ここで平均教育水準を

$$e_t^A \equiv \eta e_t^R + (1-\eta)e_t^P \quad (3\text{-}17)$$

と定義する。すると、(3-16)式は

$$p_t e_t^A = A e_{t-1}^A - D \quad (3\text{-}18)$$

となる。さらに、教員自身の教育水準は e^R であると仮定すると、格差社会における(3-10)、(3-11)式は

$$h(e_{t-1}^R)\tau_t = (e_t^A)^{1/\beta} \quad (3\text{-}19)$$

$$p_t e_t^A = h(e_{t-1}^R)\tau_t \quad (3\text{-}20)$$

に修正される。(3-18)、(3-19)、(3-20)式より平均教育水準 e^A の動きは

$$e_t^A = (A e_{t-1}^A - D)^\beta \quad (3\text{-}21)$$

となり、これは平等社会の(3-12)式と同じである。

しかし、Rich と Poor の教育水準は平均値 e^A とは異なった動き方をする。まず、教育価格は(3-19)、(3-20)式より

$$p_t = (e_t^A)^{(1-\beta)/\beta} \quad (3\text{-}22)$$

---

[26] 単純化のため総家計数を1に基準化している。

となるので、p は平均教育水準 e^A とともに上昇することがわかる。そして、(3-21)、(3-22)式を用いると、(3-14)、(3-15)式は

$$e_t^R = \frac{Ae_{t-1}^R - D}{(\eta A e_{t-1}^R + (1-\eta) A e_{t-1}^P - D)^{(1-\beta)}} \quad (3\text{-}23)$$

$$e_t^P = \frac{Ae_{t-1}^P - D}{(\eta A e_{t-1}^R + (1-\eta) A e_{t-1}^P - D)^{(1-\beta)}} \quad (3\text{-}24)$$

となる。

この(3-23)、(3-24)式で決まる e^R と e^P の動きを表したのが、図7である。図7において、$e^R = e^P = e^{**}$ となる点はいわゆる「鞍点」であり、そこへは45度線上を進む経路以外では到達できない。そして、初期に教育格差がある場合には、図7の太い矢印→の経路が示すようになる。すなわち、たとえ Poor の初期教育水準 e_0^P が境界値 e^* を上回っていても、e^P は e^{**} へ到達することができず、遅かれ早かれ e^P の低下が始まる。平均的教育水準の上昇が生み出す教育価格上昇に、Poor の所得の上昇が追いついていかないのである。他方で、Rich の教育水準 e^R は、e^{**} を超えてさらに高まっていく。これは、Rich の所得上昇が教育価格上昇を上回ることを意味する。こうして、教育価格の上昇を通じて、Rich と Poor の格差は拡大する。

命題6：教育費用を家計が私的に支払う制度の下で、人的資本が形成されるとき、教育価格上昇の効果により、Poor

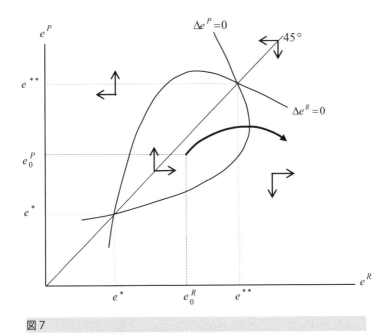

図7

は遅かれ早かれ教育水準を低下させる状況におちいる。それに対して、教育価格上昇が生じても、Rich は教育水準を継続的に高めることができる。

Rich の所得上昇が、Poor の所得にもプラスの効果をもたらす場合は「トリクルダウン」であるが、ここではその正反対の現象が生じている。このことを確認するため、もし Rich が存在しなければどうであったかを考えてみよう。(3-24)式において $\eta = 0$ とすると、(3-24)式は

$$e_t^P = (Ae_{t-1}^P - D)^\beta$$

となる。すると(3-13)で $e^* < e_0^P$ を仮定しているので、Poor の教育水準 e^P は e^{**} へと増加していく。すなわち、もし Rich が存在しなかったなら、Poor は教育水準の継続的な上昇を実現できたわけである。ところが、Rich が存在することにより、Rich の大きな教育支出が教育価格上昇を加速させ、Poor はその教育価格上昇に追いつけず、やがて Poor の教育水準は低下することになる。

命題7: Rich による教育支出の増加による教育価格の急速な上昇が、Poor の教育水準上昇を妨げる。

5. まとめ

この章のモデルで導き出された結果は、以下のようにまとめられる。教育費用を家計が直接支払う制度の下で、貧しい家計の所得上昇を妨げるものは、その教育の初期値が低すぎることだけではない。貧しい家計が直面する困難の1つは、豊かな家計の所得増加・教育支出増加が引き起こす、急速な教育価格上昇である。この場合、豊かな家計の所得上昇が、貧しい家計の所得上昇を妨害するので、いわゆる「トリクルダウン」とは逆の現象が生じることになる。

●補論● 図7についての補足

まず Rich と Poor の教育水準の変化分を $\Delta e_t^R \equiv e_t^R - e_{t-1}^R$、$\Delta e_t^P \equiv e_t^P - e_{t-1}^P$ と定義する。すると、(3-23)、(3-24)式より

$$\Delta e_t^R = \frac{Ae_{t-1}^R - D - e_{t-1}^R(\eta Ae_{t-1}^R + (1-\eta)Ae_{t-1}^P - D)^{(1-\beta)}}{(\eta Ae_{t-1}^R + (1-\eta)Ae_{t-1}^P - D)^{(1-\beta)}}$$

$$\Delta e_t^P = \frac{Ae_{t-1}^P - D - e_{t-1}^P(\eta Ae_{t-1}^R + (1-\eta)Ae_{t-1}^P - D)^{(1-\beta)}}{(\eta Ae_{t-1}^R + (1-\eta)Ae_{t-1}^P - D)^{(1-\beta)}}$$

となる。

いま考察対象としている $e_t^i \geq e^*$ の範囲では、この両式の分母は正であり、したがって Δe_t^i の正負は分子の正負で決まる。図7における2本の曲線は、その分子の値がちょうどゼロとなり、それぞれ $\Delta e_t^R = 0$ および $\Delta e_t^P = 0$ となる条件より描かれている。

$\Delta e_t^R = 0$ を表す曲線より下の領域では $\Delta e_t^R > 0$ なので、e^R の変化の方向は右向きの細い矢印で示され、逆に $\Delta e_t^R = 0$ 曲線より上の領域では $\Delta e_t^R < 0$ なので、e^R の変化の方向は左向き矢印で示されている。同様に、$\Delta e_t^P = 0$ を表す曲線より右の領域では $\Delta e_t^P < 0$ なので、e^P の変化の方向は下向きの矢印で示され、$\Delta e_t^P = 0$ 曲線より左の領域では $\Delta e_t^P > 0$ なので、e^P の変化の方向は上向きの矢印で示されている。そして、それらの矢印が示

す水平方向の変化と垂直方向の変化の合成により、e^R と e^P の動きが決まる。

第4章　人的資本形成と信用市場 [27]

　前章のモデルでは、家計は教育費用を前世代から引き継いだ貯蓄で支払い、信用市場での貸し借りは行われない状況を仮定した。しかし、例えば近年の日本や米国の状況では、教育費用の借り入れは、むしろ常態になっている。もし、教育についても完全な信用市場が存在し、貧しい家計も利子さえ支払えば、教育費用を借り入れできるとすれば、状況はどう変わるのだろうか。この章は、前章のモデルに完全信用市場を導入し、家計が教育費用を貸し借りできるとすると、教育を通じた人的資本形式と所得格差はどうなるかを検討する [28]。

1. 家計の行動

　前章と同じく、家計について以下の2つのケースが成立するとしよう。

---

27) この章の内容は中嶋(2011)にもとづく。
28) 不完全信用市場のもとで持続する不平等についてはPiketty (2000) の解説が参考になる。Matsuyama (2000) は投資資金の貸借を含むモデルにおいて不平等を論じている。ただし、低所得者が高所得者へ貸すという構造の点で、本章のモデルと対照的である。

ケース1：$(1-\alpha)y_t^i - \delta > 0$　のとき

$$b_t^i = (1-\alpha)y_t^i - \delta, \tag{4-1}$$

$$c_t^i = \alpha y_t^i + \delta. \tag{4-2}$$

ただし、α と δ は定数で $0 < \alpha < 1$、$\delta > 0$.

ケース2：$(1-\alpha)y_t^i - \delta \leq 0$　のとき

$$b_t^i = 0, \tag{4-3}$$

$$c_t^i = y_t^i. \tag{4-4}$$

ケース1は所得 y_t^i が相対的に高い場合であり、そのとき所得は、消費 c_t^i と、次世代へ移転される貯蓄 b_t^i との、両方に振り分けられる。ケース2は所得が相対的に低い場合であり、所得のすべては消費にまわり、次世代への移転はゼロとなる。

この家計の所得 y_t^i は、一期前に形成された人的資本 $h(e_{t-1}^i)$ による収入と、信用市場での利子収入（借り入れた場合にはマイナスの利子費用）との合計からなるとしよう。そして、家計の教育水準 e_{t-1}^i は、この所得が最大になるように選ばれていると仮定する。すなわち、家計はその所得

第4章 人的資本形成と信用市場

$$y_t^i = h(e_{t-1}^i) + r_t(b_{t-1}^i - p_{t-1}e_{t-1}^i) \tag{4-5}$$

が最大になるように、e_{t-1}^i を選ぶ。ただし、人的資本形成関数は $h'>0$、$h''<0$ という収穫逓減の特徴を持つと仮定する。なお、ここでの教育とは、家計が授業料等の費用を自己負担する高等教育を想定しており、p はその教育1単位の価格であるとする。また、高等教育を受けない場合の収入は、最低消費水準 $\bar{c}$ をまかなえても、次世代に貯蓄を残せるほどには高くはない、と仮定する。すなわち、

$$\bar{c} < h(0) < \delta/(1-\alpha) \tag{4-6}$$

である。

(4-5)式における所得最大化の条件は

$$h'(e_{t-1}^i) = r_t p_{t-1} \tag{4-7}$$

となる。家計には2つのタイプがあり、相対的に大きな貯蓄 b_{t-1}^R を受け取っている Rich と、相対的に小さな（あるいはゼロの）b_{t-1}^P を受け取っている Poor であるとする。利子率 r および教育価格 p は、どの家計にとっても共通であると仮定すると、所得最大化のための条件である(4-7)式も共通なので、教育費用を貸す場合でも借りる場合でも、同じ水準の教育を受けることが最適となる。すなわち、

$$e_{t-1}^R = e_{t-1}^P = e_{t-1} \tag{4-8}$$

である。

2. 教育部門

第3章と同様に、教育は学生と教員との共同作業で成立すると仮定する。そして教育の生産関数を

$$E_t = (L_t^S)^{1-\beta}(h(e_{t-1})L_t^T)^{\beta}, \quad 0 < \beta < 1$$

とする。E_t は総教育量、L_t^S は学生数、L_t^T は教員数、$h(e_{t-1})L_t^T$ は教員の総人的資本量を表す。両辺を L_t^S で割ると、学生1人あたり教育 e_t の生産関数

$$e_t = E_t / L_t^S = (h(e_{t-1})\tau_t)^{\beta}, \quad \tau_t = L_t^T / L_t^S \tag{4-9}$$

が得られる。τ_t は学生1人あたり教員数である。便宜上、この式を逆関数の形で

$$h(e_{t-1})\tau_t = e_t^{1/\beta} \tag{4-10}$$

とする。

教育部門は非営利機関により運営され、教員の賃金はその人的資本 $h(e_{t-1})$ に等しいとする。そして、教育1単位の価格 p_t は、ゼロ利潤条件

$$p_t E_t = h(e_{t-1})L_t^T$$

を満たすよう決まるとしよう。左辺は教育機関が受け取る収入であり、右辺は教育機関が教員に支払う賃金費用である。両辺を L_t^S で割ると

$$p_t e_t = h(e_{t-1})\tau_t \qquad (4\text{-}11)$$

となる。

3. Poor が貯蓄しない場合 ($b^P = 0$)

信用市場の均衡は

$$\eta(b_t^R - p_t e_t) = (1-\eta)p_t e_t$$

で表される。左辺は Rich による貸し出し総額であり、右辺は Poor による教育費用の借り入れ総額である。整理すると

$$\eta b_t^R = p_t e_t \qquad (4\text{-}12)$$

となる。これは、Rich の貯蓄が次世代の Rich と Poor の教育費用に対応していることを意味する。(4-1)、(4-5)、(4-7)、(4-8)、(4-9)、(4-10)、(4-11)、(4-12)式より、Rich のみが貯蓄する場合の、教育水準の運動方程式

$$e_t = \left[(1-\alpha)\left(\eta h(e_{t-1}) + (1-\eta)h'(e_{t-1})e_{t-1}\right) - \eta\delta\right]^{\beta} \quad (4\text{-}13)$$

が導出できる。この (4-13) 式は、図 8 および図 9 に曲線 F として描かれている[29]。以下では、初期値 e_0 が $e_0 > \underline{e}$ であり、したがって教育水準が上昇するケースのみを扱う。

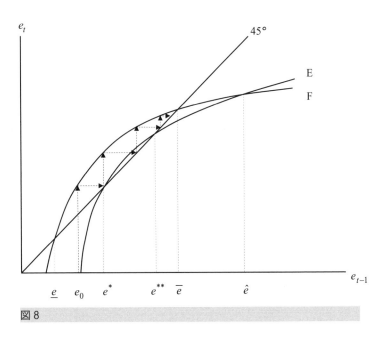

図 8

---

29) 45 度線と 2 点で交わることが仮定されている。

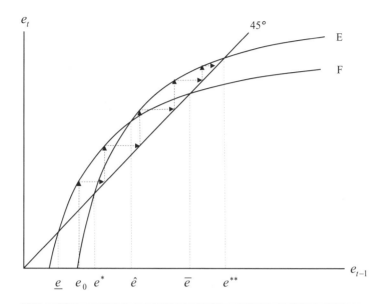

図9

4. Poor も貯蓄する場合（$b^P > 0$）

Poor が貯蓄をしておらず $b^P = 0$ のとき、Poor の所得は (4-7)、(4-9) より

$$y_t^P = h(e_{t-1}) - r_t p_{t-1} e_{t-1} = h(e_{t-1}) - h'(e_{t-1})e_{t-1}$$

であるが、$dy_t^P / de_{t-1} = -h''(e_{t-1})e_{t-1} > 0$ であるから、均衡での教育水準が上昇すると、Poor の所得も上昇する。そして、もし教育水準 e_{t-1} が

$$(1-\alpha)[h(\hat{e}) - h'(\hat{e})\hat{e}] - \delta = 0 \tag{4-14}$$

を満たす $\hat{e}$ を上回り、$e_{t-1} > \hat{e}$ となるまで上昇するならば、(4-1)式に従い Poor も次世代への貯蓄 b^P が行えるようになる。

Poor も貯蓄を残す状況での信用市場均衡は

$$\eta(b_t^R - p_t e_t) = (1-\eta)(b_t^P - p_t e_t)$$

で表される。これを書き換えると

$$\eta b_t^R + (1-\eta)b_t^P = p_t e_t \tag{4-15}$$

が得られる。これは、(4-1)、(4-5)を利用すると

$$\eta[(1-\alpha)(h(e_{t-1}) + r_t(b_{t-1}^R - p_{t-1}e_{t-1})) - \delta] \\ + (1-\eta)[(1-\alpha)(h(e_{t-1}) + r_t(b_{t-1}^P - p_{t-1}e_{t-1})) - \delta] = p_t e_t$$

となる。さらに (4-15) を1期ずらした $\eta b_{t-1}^R + (1-\eta)b_{t-1}^P = p_{t-1}e_{t-1}$ を利用すると

$$p_t e_t = (1-\alpha)h(e_{t-1}) - \delta \tag{4-16}$$

が得られる。この (4-16)、(4-10)、(4-11) 式から、教育水準の運動方程式

$$e_t = [(1-\alpha)h(e_{t-1}) - \delta]^\beta \tag{4-17}$$

が導出できる。この (4-17) 式は図 8 および図 9 に曲線 E として描かれている。

5. 所得格差持続ケース

前節で示した図 8 および図 9 は、曲線 E と曲線 F の組み合わせに関して、2 つの異なるケースを描いている[30]。図 8 は

$$e^* < e^{**} < \bar{e} < \hat{e} \qquad (4\text{-}18)$$

となるケースである。このとき、図 8 が示すように、教育水準 e は $\hat{e}$ よりも手前にある $\bar{e}$ に収束してしまう。e が $\hat{e}$ を超えることはないので、$b^P = 0$ の状態から出発した Poor は、長期的に貯蓄ゼロの状態から抜け出せない。これは、次の命題としてまとめることができる。

命題 8：信用市場での借り入れにより、Poor も Rich と同様の教育を受けることが可能となる。しかし、(4-18) が成立する場合には、債務返済の負担により、Poor は次世代へ貯蓄を残すことができず、長期的に低い所得にとどまる。他方で、Rich は自らの人的資本収入だけでなく、利子収入を継続して受け取ることができる。その結果として、Poor と Rich の所得格差は解消されない。

---

[30] 2 つのケースが成立する具体例については、補論を参照せよ。なお、$e_{t-1} = \hat{e}$ において、曲線 E と曲線 F とが交わることは容易に確認できる。

完全な信用市場が存在するときでも、利子を払い続ける家計と、利子収入を受け取り続ける家計とに分離されたままで、所得格差が持続する可能性が存在する。

6. 所得格差解消ケース

次に、図9の場合を考えてみよう。これは

$$e^* < \hat{e} < \bar{e} < e^{**} \tag{4-19}$$

が成立するケースである。この時には教育水準が $\hat{e}$ を超えた時点で、Poor も次世代への貯蓄を開始する。そして、長期的には教育水準は e^{**} へ収束する。

ところで、$e = e^{**}$ の下では、Poor と Rich の貯蓄の動きは、(4-1)、(4-5)、(4-7)、(4-8)、(4-16)式より

$$b_t^i = \frac{(1-\alpha)h'(e^{**})e^{**}}{(1-\alpha)h(e^{**}) - \delta} b_{t-1}^i + (1-\alpha)(h(e^{**}) - h'(e^{**})e^{**}) - \delta \tag{4-20}$$

に従う。すると、$e^{**} > \hat{e}$ より $(1-\alpha)(h(e^{**}) - h'(e^{**})e^{**}) - \delta > 0$ であり、したがって

$$0 < \frac{(1-\alpha)h'(e^{**})e^{**}}{(1-\alpha)h(e^{**}) - \delta} < 1$$

であるから、(4-20)式に従い、Poor と Rich の貯蓄は同一の値

$$b^{**} = (1-\alpha)h(e^{**}) - \delta$$

に収束する。こうして、(4-19) の場合には貯蓄・所得格差は解消される。

命題9：信用市場が存在する下で、(4-19) が成立する場合には、教育水準が上昇する中で、Poor も次世代への貯蓄を開始する。そして、長期的には Rich と Poor の貯蓄・所得格差は解消される。

7．まとめ

　信用市場での貸し借りを通じて、教育費用が調達できるならば、Poor と Rich の教育格差は解消されるかもしれない。しかし、そのことは所得格差が解消されることを保証するわけではない。本章のモデルが示す新たな点は、たとえ完全な信用市場が存在し、Poor も Rich と同様に教育を受けたとしても、利子支払いを伴う返済負担のために Poor は貯蓄できず、長期的に Rich との所得格差が埋まらないケースも成立する、ということである。

●補論●　人的資本形成関数の特定化

　図8、図9において示したような、曲線 E と曲線 F の2つの組み合わせが成立しうることを確認するために、人的資本形成関数を

$$h(e_{t-1}) = Ae_{t-1}^{\lambda} + \bar{h}, \quad 0 < \lambda < 1, \quad 0 < \bar{h} < \delta/(1-\alpha)$$

と特定化した例を考えてみよう。このとき、(4-17) 式、(4-13) 式は

$$e_t = [(1-\alpha)Ae_{t-1}^{\lambda} - H]^{\beta}$$

$$e_t = \left[(1-\alpha)(\eta + (1-\eta)\lambda)Ae_{t-1}^{\lambda} - \eta H\right]^{\beta}$$

となる。ただし、$H \equiv \delta - (1-\alpha)\bar{h} > 0$。

$e_{t-1} = e^{**}$ のとき、格差持続ケースであれば、曲線 F は 45 度線より上に位置し、格差解消ケースであれば下に位置する。

$$e^{**} = [(1-\alpha)Ae^{**\lambda} - H]^{\beta}$$

であることを考慮して、曲線 F の位置を e^{**} と比較すると

$$e_t = \left[(1-\alpha)(\eta + (1-\eta)\lambda)Ae^{**\lambda} - \eta H\right]^{\beta} \gtreqless e^{**}$$
$$\Leftrightarrow H \gtreqless (1-\lambda)(1-\alpha)Ae^{**\lambda} \quad \text{(複合同順)}$$

が得られる。e^{**} は人的資本生産における教育の限界生産性 A の増加関数であるので[31]、A が十分大きく、教育によって人的資本

---

31) $e^{**} = [(1-\alpha)Ae^{**\lambda} - H]^{\beta}$ より $de^{**}/dA > 0$ が容易に確認できる。

が大きく高まる場合には

$$H < (1-\lambda)(1-\alpha)Ae^{**\lambda}$$

が成立し、格差解消ケースとなる。逆に、A が小さく教育が人的資本をあまり高めない場合には、

$$H > (1-\lambda)(1-\alpha)Ae^{**\lambda}$$

となるので、格差持続ケースになる。

なお、$e_{t-1} = e^{**}$ において、曲線 E の傾きは 1 より小さく、したがって、

$$[(1-\alpha)Ae^{**\lambda} - H]^{\beta-1}\beta\lambda(1-\alpha)Ae^{**\lambda-1} < 1$$
$$\Rightarrow \beta\lambda(1-\alpha)Ae^{**\lambda} < (1-\alpha)Ae^{**\lambda} - H$$
$$\Rightarrow H < (1-\beta\lambda)(1-\alpha)Ae^{**\lambda}$$

が成立している（ここで $e^{**} = [(1-\alpha)Ae^{**\lambda} - H]^{\beta}$ を利用している）。すると、格差持続ケースでは

$$(1-\lambda)(1-\alpha)Ae^{**\lambda} < H < (1-\beta\lambda)(1-\alpha)Ae^{**\lambda}$$

でなければならないことになる。

ところで、第 2 章のモデルに対応するのは $\beta = 1$ のケースである。そのときには上記の不等式の左辺と右辺が同じになるので、上記の条件は成立しない。このことは、本章における $\beta < 1$ の効

果の重要性とともに、第2章のモデルでは格差持続ケースが成立しないことを、再度示している。

第Ⅱ部 企業行動との結合

第Ⅰ部で定式化した家計の消費・貯蓄行動に、企業が生産と投資を担う枠組みを組み合わせ、総合的な経済の動きを考えてみよう。なお、この第Ⅱ部で念頭に置いているのは、戦後の日本経済である。まず、第5章において、戦後日本経済の特徴をもとに、成長と雇用状況をめぐる3つの形態を確定する。そのうえで、第6章と第7章において、それらの形態が成立するメカニズムを、統一的な枠組みの中で説明する[32]。第8章では、この成長モデルにおいて家計間の格差動向を決める条件、および格差拡大を防ぐ政策について検討する。

---

32) 以下の議論では、日本の経済成長においては、都市経済における第2次・3次産業の拡大が中心的役割を果たしたことを前提としている。

第5章　日本の高度成長期・低成長期・長期停滞期のいくつかの特徴

　日本経済の実質 GDP および労働力人口の動きを、図 10 に示した。ただし、実質 GDP も労働力人口も対数関数により変換した値を用い、傾向線および破線の傾きが成長率となるようにしている 33)。

　実質 GDP に関しては、1970 年代初めまでの高度成長期、90 年代初めまでの低成長期、その後の長期停滞期、という 3 つの時期に分けて傾向線を引いてある。各傾向線の傾きは、高度成長期の平均実質成長率がほぼ 9.2% であること、低成長期の平均実質成長率がほぼ 3.7% であること、長期停滞期の平均実質成長率がほぼ 0.8% であることをそれぞれ示している。

　同じ図 10 において、破線で示した労働力人口の動きを見てみよう。低成長期の終わり頃 (1990 年代初め) まで、ほぼ一定率で成長していた労働力人口は、長期停滞期に成長を止めていることがわかる。

---

33) したがって、図 10 の縦軸の水準自体に大きな意味はない。

対数値で見た実質 GDP と労働力人口

出所:実質 GDP;内閣府「国民経済計算」。労働力人口;総務省統計局「労働力調査」。

図 10

　図 11 は、東京、大阪、名古屋の三大都市圏への人口移動の状況を示している。高度成長期に発生した三大都市圏への巨大な人口流入は、1970 年代初めで終了している。その後は、大阪圏や名古屋圏への流入はほとんど生じず、東京圏のみでより小規模な流入が続くことになる。単純化すれば、三大都市圏一般への大規模人口流入は、1970 年代初めで終了したと考えてよいであろう。

第5章 日本の高度成長期・低成長期・長期停滞期のいくつかの特徴 57

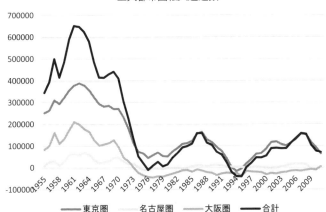

東京圏（東京、神奈川、埼玉、千葉）、大阪圏（大阪、兵庫、京都、奈良）、名古屋圏（愛知、三重、岐阜）への転入超過。
出所：総務省統計局「住民基本台帳人口移動報告」。

図 11

最後に、完全失業率の動きを見てみよう。図 12 は、完全失業率の平均値が、高度成長期の 1.56% から、低成長期の 2.24%、さらに長期停滞期の 4.29% へというように、上昇したことを示す。

以上から、戦後日本経済の特徴のいくつかを、次のようにまとめておく。

1) 高度成長期⇒低成長期⇒長期停滞期と経過する中で、実質 GDP 成長率は低下した。
2) 高度成長期には、三大都市圏一般への巨大な人口流入があ

完全失業率

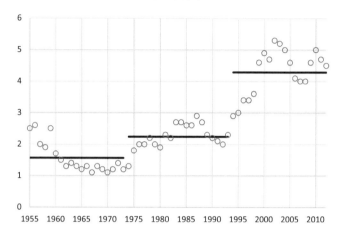

完全失業率の動向。
出所：総務省統計局「労働力調査」。

図12

ったが、低成長期にはそれがなくなった。

3) 労働力人口は、低成長期の終わりまでほぼ一定の率で成長したが、長期停滞期にはその成長が停止した。

4) 高度成長期⇒低成長期⇒長期停滞期と移行する中で、各期の失業率の平均値は上昇した。

これらの特徴をもとに、経済成長と雇用の状況を次の3つの形態に分けてみる。

① 都市経済へ労働力人口が移動するもとでの高成長。

② 労働力人口移動停止のもとでの、失業率上昇を伴う低成長。
③ 労働力人口成長率が低下する中で、さらに高い失業率を伴う長期停滞。

以下の第6章・第7章では、この3つの形態が成立するメカニズムを考えることにする。

第6章　労働力移動を伴う高成長 [34]

1. 家計の行動

　第1次産業を中心とした「地方経済」と、第2次・3次産業が営まれる「都市経済」とが存在するとする。そして、議論の単純化のため、両経済の間には労働力移動を通じた関連のみが存在すると仮定する。さらに、検討の対象を都市経済に限定し、地方経済における家計の実質収入は、外生的に $\overline{w}$ であると仮定する [35]。

　都市における家計 i の効用 u^i は

$$u_t^i = (c_t^i - \overline{c})^\alpha (B_t^i)^{1-\alpha}, \quad 0 < \alpha < 1$$

であるとする。ここで、c^i は消費、$\overline{c}$ は最低消費水準、B^i は次世代のための貯蓄である [36]。この効用関数は、次のことを表している。家計は、現在の消費 c_t^i の増加により効用を高めることが

---

34) 第6章と第7章の基本的内容は、Nakajima (2014) にもとづく。

35) これ以降の考察対象は、すべて都市経済である。地方経済と都市経済との両者を合わせた検討は課題として残されている。

36) 第Ⅰ部の効用関数における定数項 $\overline{b}$ をここでは省略し、議論の簡単化をはかっている。

できる。また、この家計はt期の時点で将来を意味する$t+1$期の家計状況にも関心を持っている。ただし、$t+1$期には次の世代が家計を引き継いでおり、家計を構成する主体に変化が生じている。そのため、現在の家計は将来における家計の効用関数を正確には把握していない。その結果、大雑把ではあるが、現在の家計は将来の家計のために残す貯蓄B_t^iを増やすこと自体で、自らの効用を高める。

家計はこの効用を、所得y^iの制約

$$c_t^i + B_t^i = y_t^i \tag{6-1}$$

のもとで最大化すると考えよう。1家計に1人の労働者がいて、その労働賦存量を1単位とする。都市経済でも地方経済でも、毎期1つの家計からnの次世代家計が生まれるとする。したがって、家計数増加率＝労働力人口成長率＝nである[37]。完全雇用は保証されず、各家計が供給可能な労働のうちで、実際に雇用される比率（＝雇用率）はxであるとする。その結果、wを実質賃金率として1つの家計が実際に得る労働所得はwxである。さらに、資産を持つ家計は資産所得π^iも得る。この資産所得とは、企業が生み出す利潤が、各家計が受け継いだ資産b_{t-1}^iの比率$b_{t-1}^i / \sum_{i=1}^{L_t} b_{t-1}^i$に応じて分配されたもの、であるとする。こうし

---

[37] 以下では、簡単化のため1プラス増加率、1プラス成長率を、単純に増加率および成長率と呼ぶことにする。

て所得は

$$y_t^i = wx_t + \pi_t^i \qquad (6\text{-}2)$$

である。なお、以下で説明するように、雇用率 x は $0 \leq x \leq 1$ の範囲で内生的に決まる[38]。

効用最大化行動の結果として、消費と貯蓄は

$$c_t^i = \alpha y_t^i + (1-\alpha)\overline{c} \qquad (6\text{-}3)$$

$$B_t^i = (1-\alpha)(y_t^i - \overline{c}) \qquad (6\text{-}4)$$

となる。α は限界消費性向である。最低消費 $\overline{c}$ の存在を反映して、個々の家計の消費には定数項 $(1-\alpha)\overline{c}$ があり、消費 c^i が所得 y^i と比例して変化するわけではない。

2. 企業の行動

差別化された財を生産する企業が、多数存在する状況を前提にして、次のような独占的競争モデルを用いる。企業 j は毎期の利潤

$$\Pi^i = P^j Y^j - WN^j$$

---

[38] 失業した家計と雇用された家計とに区別することがより現実的かもしれないが、議論の単純化のため、過少雇用状態を $x<1$ の場合として扱う。

第6章 労働力移動を伴う高成長

を、労働投入関数

$$N^j = \tau Y^j \tag{6-5}$$

および、需要関数

$$Y^j = (P^j/P)^{-\gamma} Y, \quad \gamma > 1$$

を考慮して最大化するものとする。ここで、P^j は企業 j が生産する財の価格、Y^j は企業 j の生産量、Y は総需要指数、W は名目賃金率[39]、N^j は企業 j の雇用量、τ は労働投入係数、P は価格指数である。Y および P については、各企業が同様の行動をとる対称的均衡では、$Y = Y^j$ および $P = P^j$ となるよう構成されていると仮定する[40]。

利潤最大化の結果として、企業 j が決める価格は

$$P^j = \gamma W \tau / (\gamma - 1)$$

となる[41]。すると、対称的均衡を考えれば $P = P^j$ であるから、名目賃金率を価格指数で割って得られる実質賃金率は

---

[39] 不完全雇用状態を扱うため、名目賃金率に何らかの形で硬直性が存在すると仮定する。ただし、名目賃金水準自体は以下の議論に影響しない。

[40] ここでは Dixit and Stiglitz (1977) 型の独占的競争を仮定するが、詳しい需要関数の導出は省略する。応用例として Blanchard and Kiyotaki (1987) が参考になる。

[41] 労働投入関数、需要関数を考慮して、$d\Pi^j / dP^j = 0$ を成立させる P^j を求めるとよい。

$$w \equiv W/P = \theta/\tau \qquad (6\text{-}6)$$

となる。ここで、$\theta \equiv (\gamma-1)/\gamma$ である。(6-6) 式より $w\tau = \theta$ であるから、θ は労働分配率を意味する。なお、この実質賃金率 w は、地方経済での収入 $\overline{w}$ より高く

$$w > \overline{w} \qquad (6\text{-}7)$$

が成立しているものと仮定する。

　企業 j は、t 期に Y_t^j だけ生産するために資本 K_t^j を

$$K_t^j = vY_t^j \qquad (6\text{-}8)$$

だけ必要とする。ここで v は資本係数である[42]。そして、この資本は t-1 期に企業 j 自身が行った投資 I_{t-1}^j により形成されていて、

$$K_t^j = I_{t-1}^j \qquad (6\text{-}9)$$

であるとする。議論の単純化のため、ここでは資本の耐久期間は 1 期間であると仮定している。さらに、以下では資本が過不足なく形成されている状況のみを検討し、また、t 期の時点で企業 j は投資 I_{t-1}^j を埋没費用とみなして行動しているもの

---

[42] 資本係数および労働投入係数は、完全雇用を常に成立させるよう変化するわけではないと考える点で、本章はハロッド・ドーマーモデルの伝統を引き継いでいる。

第6章 労働力移動を伴う高成長　　65

とする[43]。

3. 雇用率

都市経済での労働所得 wx が、地方経済での収入 $\overline{w}$ を上回る限り、家計は地方から都市へ移動すると仮定する。その結果、均衡での都市経済における雇用率 $x(=N/L)$ は $wx^* = \overline{w}$ を成立させる x^* となり、(6-6)式を考慮すると

$$x^* = \overline{w}/w = \overline{w}\tau/\theta \qquad (6\text{-}10)$$

である[44]。

4. 恒常状態

資本が完全に利用される下で、恒常状態が成立する場合を考えてみよう[45]。都市経済に存在する家計数を L_t とすると、そこでの総消費は(6-3)、(6-5)、(6-10)式より

---

43) したがって、$t-1$ 期の時点で企業が投資するとき、t 期の時点での利潤最大化行動を制約しないために必要十分な資本の量を予想して、投資量を決めていることになる。

44) 均衡では期待労働収入が両経済で一致するという、Harris and Todaro (1970) の仮定に従っている。なお、技術進歩により、都市経済でのみ労働生産性が上昇し τ が下がるとき、雇用率は低下する。しかし、生産性上昇が同時に地方でも生じるなら、$\overline{w}$ の上昇により雇用率は一定となりうる。

45) Harrod (1939) の強調点の1つは、保証成長経路の不安定性である。しかし、ここでは Harrod が提起したもう1つの重要点である、保証成長率と自然成長率との不一致の方に注意を集中するため、恒常状態以外は扱わない。

$$C_t = \sum_{i=1}^{L_t} c_t^i = \alpha Y_t + (1-\alpha)\overline{c}L_t = \left(\alpha + (1-\alpha)\frac{\overline{c}\tau}{x^*}\right)Y_t$$
$$= \left(\alpha + (1-\alpha)\frac{\theta\overline{c}}{\overline{w}}\right)Y_t \tag{6-11}$$

となる。個々の家計の消費を表す(6-3)式は定数項を含んでおり、消費は所得と比例しなかった。それに対して、この (6-11) 式が示す都市経済全体の消費は、生産と比例して増加する。なぜなら、(6-5) 式より生産 Y_t の増加と比例して雇用 N_t が増え、そのとき雇用率が $N_t/L_t = x^*$ となるまで、都市経済の家計数 L_t も地方からの流入により増加するからである。

都市経済における財市場均衡条件は

$$Y_t = C_t + I_t \tag{6-12}$$

であり、(6-11)式と(6-12)式より

$$Y_t = I_t/s^*, \quad s^* \equiv (1-\alpha)(1-(\theta\overline{c}/\overline{w})) \tag{6-13}$$

が得られる。ここで s^* は貯蓄率である。この (6-13) 式と、資本の過不足が生じない条件

$$Y_t = K_t/v \tag{6-14}$$

とから、恒常成長経路における資本の成長率が

$$I_t / K_t = s^* / v \qquad (6\text{-}15)$$

という形で得られる。これを保証成長率と呼ぶことにする[46]。資本と生産とは比例しているので、このとき、生産の成長率も保証成長率である。

5. まとめ

最低消費にもとづく安定した消費部分が存在するため、個々の家計の消費は、所得と比例しては増加しない。しかし、都市経済の発展が地方からの家計流入を伴うとき、都市の家計数自体が生産に比例して増えるので、都市経済全体の消費は生産・所得に比例して増加する。このようにして成立する貯蓄率一定の状況下で、労働力人口成長率 n を上回る高成長が実現可能となる。

---

[46] 正確には Harrod の保証成長率プラス1に対応するが、ここでは単純に保証成長率とする。

第7章　労働力移動終了後の低成長および長期停滞

　前章のモデルを引き継ぎつつ、本章では地方からの労働力流入が停止した都市経済を考えることにする。労働力移動終了後の経済において、新たな恒常状態が成立するとすれば、それはどのようなメカニズムによるのだろうか。またその場合に、雇用率にはどのような変化が生じるだろうか。さらに、長期停滞期をイメージしつつ、労働力人口成長率低下が生じた場合の、雇用率の変化を検討する。

1. 保証成長率と労働力人口成長率

　前章のはじめで述べたように、都市経済と地方経済とを含めた全体で、

$$家計数増加率 = 労働力人口成長率 = n$$

と仮定する[47]。なお、以下では前章 (6-15) 式の保証成長率 s^*/v がその n を上回り

---

[47] 便宜上、増加率プラス 1 や成長率プラス 1 を、単に増加率および成長率と呼ぶことにする。

第7章　労働力移動終了後の低成長および長期停滞

$$s^*/v > n,$$

となること、すなわち

$$\frac{(1-\alpha)(1-(\theta\overline{c}/\overline{w}))}{v} > n \qquad (7\text{-}1)$$

が成立することを前提とする[48]。この(7-1)式の条件の下で、都市経済が保証成長率で成長を続ければ、そこでの雇用も s^*/v の率で成長するので、遅かれ早かれ都市経済は地方経済から移動可能な労働力を吸収しつくすことになる。そして、地方経済からの家計移動がなくなったとき、都市経済の成長は、すでに都市に存在する家計の増加率 n に制約されることになるであろう。この場合、都市経済における恒常状態は、どのようになるかを以下で見ていこう[49]。

2. 資本の成長率

都市経済における消費の合計は、前章の(6-3)式より

$$C_t = \sum_{i=1}^{L_t} c_t^i = \alpha Y_t + (1-\alpha)\overline{c}L_t = \left(\alpha + (1-\alpha)\frac{\overline{c}\,\tau}{x_t}\right)Y_t \quad (7\text{-}2)$$

---

48) 逆の不等号が成立する場合には、都市経済から地方経済へ家計が継続的に流出することになる。
49) ただし、地方から移動可能な家計が流出を完了した後には、地方経済再生の諸困難のため、都市経済から地方経済への人口逆流は生じないと仮定し、以下の議論の単純化をはかる。

と表せる。ここで x_t は雇用率 N_t/L_t を表し、その雇用 N_t は生産 Y_t に比例して

$$N_t = \tau Y_t \qquad (7\text{-}3)$$

である。(7-2)式を財市場の均衡条件

$$Y_t = C_t + I_t \qquad (7\text{-}4)$$

に代入し整理すると

$$Y_t = I_t / s_t \qquad (7\text{-}5)$$

が得られる。ここで s_t は貯蓄率であり

$$s_t = (1-\alpha)(1-(\overline{c}\tau/x_t)) \qquad (7\text{-}6)$$

である。

前章と同様に、資本が過不足なく確保されて

$$Y_t = K_t / v \qquad (7\text{-}7)$$

が成立する長期の経済を考える。このとき (7-5)、(7-7) 式より資本の成長率は

$$I_t / K_t = s_t / v \qquad (7\text{-}8)$$

である。

3. 恒常状態での雇用率

前章とは異なり、ここでは家計の流入がなく、家計数（＝労働力人口）L_t の増加率は n として与えられている。したがって、各変数が同率で変化する恒常成長経路では

$$s_t / v = n \tag{7-9}$$

でなければならない[50]。すると、(7-6)、(7-9) 式より、恒常状態における雇用率 x^{**} の値は

$$x^{**} = \frac{(1-\alpha)\overline{c}\tau}{(1-\alpha) - vn} \tag{7-10}$$

であることになる[51]。

さて、前章の(6-9)式が示す雇用率 x^* と、ここでの雇用率 x^{**} とを比べてみよう。すると次の命題が成立することを、容易に確認できる。

命題10：条件(7-1)の成立を前提とすると、

---

50) 恒常成長経路以外では、雇用率の累積的低下、または過剰資本の累積的増加といった非現実的な状況が生じる。なお、需要の予想成長率および予想需要水準を、企業が適応的に調整するとき、この恒常成長経路が安定性を持つ可能性は存在する。このような問題を、瀬岡 (1984) 第5章、Nakajima (1990) は検討している。

51) 技術進歩により労働生産性が上昇し、労働投入係数 τ が低下すれば、雇用率は低下する。ただし、最低消費水準 $\overline{c}$ は時々の経済状況に影響され、例えば実質賃金率に対する一定比率で形成されるものであるならば、労働生産性が上昇しても雇用率は一定である。

$$x^{**} < x^*$$

が成立する。すなわち、労働力流入を伴う都市経済の雇用率 x^* よりも、労働力流入が停止した後の都市経済の雇用率 x^{**} は低くなる。こうして、地方からの家計流入の終了のもとで、低成長率・低雇用率の経済が成立する。

恒常状態が成立するには、(7-2) 式において低い率 n で増加する消費部分 $(1-\alpha)\bar{c}L$ の動きに合わせて、資本の成長率が低下しなければならず、そのためには貯蓄率が低下しなければならない。ところで、(7-2)、(7-3)式より

$$C/Y = \alpha + (1-\alpha)\bar{c}L/Y = \alpha + (1-\alpha)\bar{c}\tau L/N$$

であるから、消費率 C/Y は Y の減少関数であり、貯蓄率（=1 − 消費率）は Y の増加関数である。したがって、消費需要のスローダウンに合わせて Y が相対的に下がることで、貯蓄率も低下する。その際、Y の低下に合わせて雇用水準 N も下がるので、雇用率 N/L は低下する[52]。こうして、より低い雇用率のもとで、貯蓄率の調整を通じて新しい恒常状態が成立する[53]。

---

52) 貯蓄率が変化することで、保証成長率が調整されるという点で、ここでの議論は Kaldor (1956) と共通である。ただし、Kaldor の場合は賃金と利潤への分配率が調整役を果たすのに対し、本章の場合の調整役は雇用率である。
53) もっとも、ここでは2つの恒常状態を比較しているだけであり、恒常成長

4. 労働力人口成長率の低下と雇用率

　地方から都市経済への労働力移動が停止した低成長経済において、さらに労働力人口成長率（＝家計数増加率＝経済成長率）n の低下が加わるならば、何が生じるかを見てみよう。この場合の雇用率の変化は、(7-10)式より

$$\frac{\partial x^{**}}{\partial n} > 0 \qquad (7\text{-}11)$$

である。すなわち、労働力人口成長率 n が低下すると、雇用率 x^{**} も下がる。

　その理由を調べるため、(7-10) を利用して次のように書き換えてみよう。

$$\frac{Y}{L} = \frac{N}{\tau L} = \frac{x^{**}}{\tau} = \frac{(1-\alpha)\overline{c}}{(1-\alpha)-vn} \;\Rightarrow\; Y\left[(1-\alpha)-vn\right] = (1-\alpha)\overline{c}L$$
$$\Rightarrow\; Y = \alpha Y + (1-\alpha)\overline{c}L + vnY$$

　この最後の式の右辺第3項 vnY は、次期の生産 nY に必要な今期の投資 I を意味している。そして、成長率 n が低下すると、今期と比べた次期の生産 nY の水準が下がり、そのために今期の投資は少なくなる。ところで、総需要は家計数 L のもとで生じる消費需要と、企業による投資需要との合計である。そして、後者の投資需要が上で述べた理由により少なくなるので、家計

　経路への移行過程を本格的に扱っているわけではない。

数 L に対応する総需要水準は低下する。雇用は総需要（= 総生産）に依存するため、結果として家計数に対する雇用量の比率（= 雇用率）が低下する。以上を命題としてまとめれば、次のようになる。

命題 11：労働力人口成長率（= 家計数増加率）が低下すると、次のメカニズムが働く：

家計数増加率低下⇒恒常状態での消費および総生産の成長率低下⇒次期の生産に必要な今期の投資が減少⇒家計数に対する総需要（= 消費 + 投資）の比率低下⇒家計数に対する総生産の比率低下⇒家計数に対する雇用の比率低下⇒雇用率低下。

この命題は逆説的な内容を含んでいる。一般的には、労働力人口の成長率低下は、労働力不足傾向を生み、むしろ雇用率は上昇すると思われがちである。しかし、労働力人口の停滞は、消費を担う家計数の低迷でもある。消費需要の成長率低下は、総需要・総生産の成長率低下につながり、それが投資水準低下を招いて、最終的には雇用率の低下をもたらす[54]。

5. まとめ

第 6 章と第 7 章のモデルによって、成長と雇用をめぐる 3 つ

---

[54] ここでの投資低下の重要性は、(7-10) 式において $v=0$ を仮定した投資不要モデルでは、労働力人口成長率 n が雇用率に影響しなくなることからも明らかである。

第 7 章　労働力移動終了後の低成長および長期停滞

の形態に対して、次のような説明を与えることができる。

①労働力人口流入のもとでの高成長：

個々の家計には、確保すべき最低限の消費水準があるので、所得が変化しても、個々の家計の消費が所得に比例して変化するわけではない。ところが、地方から労働力が流入する都市経済全体を考えると、そこでの家計数自体が生産に比例して増加するので、消費は生産に比例して増加する。このような消費と生産の比率一定（したがって、貯蓄率一定）の状況で、高成長が可能となる。

②労働力移動停止後の雇用率低下を伴う低成長：

労働力流入が停止した都市経済では、家計数の増加が人口成長率に制約された低い値にならざるをえない。すると消費の増加率も、家計数の動きに合わせて低くなり、総需要の成長もスローダウンする。そのとき、労働力人口に対する総需要・総生産の比率がある程度まで低下することにより、貯蓄率の低下を通じて、資本の成長率も労働力人口成長率に適合した低い値へと調整される[55]。こうして、労働力人口流入が停止した経済において、低い成長率の下で新たな恒常状態が成立する。なお、こ

---

55) 本章 3 節で示したように、労働力人口に対する総生産の比率が低下すると、貯蓄率が下がる理由は次のようである：消費には所与の労働力人口に依存し、その期の総所得（＝総生産）には依存しない部分があり、その存在のため、消費率（＝消費／総生産）は総生産が低下すれば上昇する。貯蓄率は 1 －消費率であるから、総生産が低下するとき貯蓄率は低下する。

の新しい恒常状態においては、上で述べたように、労働力人口に対する総生産の比率が低下しているので、雇用率も低くなっている。

③労働力人口成長率の低下のもとでの雇用率低下と低成長：

少子化の影響により、家計数増加率（＝労働力人口成長率）が低下した経済を考えてみよう。家計数増加率が下がることによって、消費の伸びが低下し、恒常状態における総需要・総生産の成長率が低下する。総生産の成長率が低下すると、次期の生産に必要な今期の投資水準が低くなる。ところで、各期の総需要は、その期の家計数が基礎となって発生する消費需要と、企業による投資需要との合計である。そして後者の投資需要が上で述べた理由で低下するので、その期の家計数に対する総需要の比率も低下する。家計数に対する総需要（＝総生産）の比率低下は、雇用率の低下をもたらす。これが労働力人口成長率低下のもとで、雇用率の低下が発生するメカニズムである[56]。

モデルから得られた以上の結果は、労働力人口流入を伴う高成長、労働力移動終了後の失業率上昇を伴う低成長、労働力人口成長率が低下する状況で失業率がさらに高くなる長期停滞という、戦後日本経済の特徴と整合的である。

---

56) 総生産と消費および投資との相互作用については、簡単化のため説明を省略している。

第8章 低成長期・停滞期の所得格差と政策

　この章では、低成長期・停滞期の経済における財政政策の効果と、家計間の所得格差の動向について考察する。

1. 政府支出の効果

　前章で検討した低成長期および長期停滞期の経済は、まさにケインズ的な有効需要不足状態にある。このことを確かめるために、政府支出の効果を調べてみよう。

　政府は1家計あたり g で、全体としては G_t（$=gL_t$）の政府支出を行うとする。ただし、その財源として、各家計に g だけ一括課税するとしよう。このとき家計 i の可処分所得は $y^i - g$ となるので、総消費も (7-2) 式から修正され

$$C_t = \alpha Y_t - \alpha g L_t + (1-\alpha)\overline{c}L_t \qquad (8\text{-}1)$$

となる。この (8-1) 式を財市場の均衡条件 $Y_t = C_t + I_t + G_t$ に代入し、$I_t = K_{t+1} = vY_{t+1} = vnY_t$、$N_t = \tau Y_t$ を考慮すると、恒常状態での雇用率

$$x^{**} = \frac{(1-\alpha)(\overline{c}+g)\tau}{(1-\alpha)-vn} \qquad (8\text{-}2)$$

が得られる。この雇用率は明らかに政府支出 g の増加関数である。

1家計あたりの平均所得は

$$y = \frac{Y}{L} = \frac{N}{\tau L} = \frac{x^{**}}{\tau} = \frac{(1-\alpha)(\overline{c}+g)}{(1-\alpha)-vn} \qquad (8\text{-}3)$$

である。したがって、比較静学による均衡財政乗数は

$$\partial y / \partial g = (1-\alpha)/(1-\alpha-vn) > 1 \qquad (8\text{-}4)$$

となり、1を上回る。家計の平均可処分所得を $\widetilde{y} \equiv y - g$ とすると、

$$\partial \widetilde{y} / \partial g = \partial y / \partial g - 1 > 0$$

となる。したがって、均衡財政のもとでの政府支出によって、家計の可処分所得が増加し、消費も増加する[57]。

この経済は、政府支出による総需要拡大政策によって、雇用・生産・消費の拡大を生み出せる状況にある[58]。

---

57) ここでは、均衡財政乗数を扱う目的で一括課税を導入した。一括課税自体は家計間の不平等を促進する効果を持ち、望ましいものではない。
58) 教科書的には均衡財政乗数は1である。Ono (2011) を参照。それに対して、ここでは生産の増加とともに投資も増えるので、乗数が1を上回ることに

2. 資産の運動方程式と格差拡大条件

　低成長期・停滞期における、個々の家計が保有する資産 b^i の動きを考えてみよう。まず、t 期の家計はその貯蓄 B_t^i を自らの後継家計に平等に分割すると仮定する。1家計から n の後継家計が生まれるので、各後継家計が受け取る貯蓄（=資産）は $b_t^i = B_t^i / n$ となる。すると、(6-2)、(6-4)式より

$$b_t^i = \frac{(1-\alpha)(wx_t + \pi_t^i - \overline{c})}{n}$$

である。雇用率 x_t に (7-10) より x^{**} の値を代入し、さらに補論で示すように資産所得が $\pi_t^i = \frac{(1-\theta)}{v} b_{t-1}^i$ となることを考慮すると、家計の資産の運動方程式は

$$b_t^i = R b_{t-1}^i + (1-R) b^* \qquad (8\text{-}5)$$

となる。ただし、

$$R \equiv \frac{(1-\alpha)(1-\theta)}{vn}, \quad b^* \equiv \frac{(1-\alpha)\overline{c}v}{(1-\alpha) - vn} \qquad (8\text{-}6)$$

である。

　この R の意味をさらに詳しく検討するために

なる。なお、この結果は2つの恒常状態を比較しただけであり、実際の移行過程を検討しているものではない。

$$R = \frac{(1-\alpha) \cdot \dfrac{(1-\theta)}{v}}{n}$$

と書き換えてみよう。$(1-\theta)/v$ は利潤率 (= 資産収益率) である。そして $(1-\alpha)$ は限界貯蓄性向であるから、

$$R = \frac{限界貯蓄性向 \times 資産収益率}{家計数増加率}$$

である。これは次のように考えれば理解できる。追加的 1 単位の資産から $(1-\theta)/v$ 単位の資産所得が生まれる。それに限界貯蓄性向を乗じれば、1 単位の資産から生まれる次期の資産額が得られる。さらに、それを後継家計数で割ったものが R である。

なお、b^* は (8-5) 式における b^i の定常値であるとともに

$$\frac{K}{L} = \frac{vY}{L} = \frac{vx^{**}}{\tau} = \frac{(1-\alpha)\overline{c}v}{(1-\alpha)-vn} = b^*$$

であるので、1 家計あたり資本 K/L の値であり平均資産である。

資産の動きを表す (8-5) 式は、次のことを示している。すなわち、もし $R<1$ ならば、各家計の資産は時間の経過とともに平均値 b^* に収束し、それにより家計間の所得格差も解消されていく。逆に、もし $R>1$ ならば、初期値 b_0^i が $b_0^i > b^*$ の家計についてはその資産が増え続けるが、$b_0^i < b^*$ の家計はその資産が減り続け

るので、家計間の資産格差は拡大していく。資産格差は所得格差をもたらすので、次の命題を得る。

命題12：限界貯蓄性向×資産収益率が家計数増加率を上回るとき、家計間の所得格差は拡大する。逆に、限界貯蓄性向×資産収益率が家計数増加率を下回るとき、家計間の所得格差は縮小する[59]。

さらに、(8-6)式が示すように、R は θ および n の減少関数であるから、次の命題が得られる。

命題13：労働分配率 θ が大きければ $R<1$ になり、家計間の格差が縮小する経済になる。逆に、労働分配率 θ が小さいと $R>1$ となって、格差拡大経済になる。

命題14：労働力人口成長率（＝家計数増加率）n が小さくなると $R>1$ になり、格差拡大経済になる。

ところで、$w\tau = \theta$、(7-10)、(8-6)式より

$$R \lessgtr 1 \iff wx^{**} \gtrless \bar{c} \qquad \text{（複合同順）}$$

という関係が成立していることを確認できる。したがって、次の命題が成立する。

---

[59] Pikkety (2014) の強調する不平等拡大条件は、資産収益率＞経済成長率である。本章のモデルでは、家計数増加率＝経済成長率であるので、命題12における限界貯蓄性向が1となる特殊ケースが、Pikkety 条件と対応している。

命題 15：格差拡大条件 $R>1$ は、労働所得 wx^{**} だけでは最低消費 $\bar{c}$ が実現できない条件と同値である。

ところで、$R>1$ のときには、$b_0^i < b^*$ の家計は遅かれ早かれ $b^i = 0$ となり、そのとき所得は労働所得 wx^{**} のみにならざるを得ない。すると、その家計は最低消費さえ維持できず、家計としての存続が困難になる。このような家計が次々と出現する経済は持続しえないであろう。したがって、$R>1$ が成立する経済が維持されるためには、何らかの政策的対応が必要である。

3. 格差拡大を防ぎ経済を持続可能にする政策

格差拡大条件 $R>1$ が成立する場合に、格差拡大を防ぎ、経済を持続可能にするための、簡単な政策が存在する。資産所得に z の率で課税し、その税収を一括移転 T で各家計に再分配する財政政策である。

この政策における政府の予算制約は

$$\sum_{i=1}^{L} T = z \sum_{i=1}^{L} \pi^i = z(1-\theta)Y$$

であり、したがって一括移転額は

$$T = \frac{z(1-\theta)Y}{L} = \frac{z(1-\theta)K}{Lv} = \frac{z(1-\theta)b^*}{v} \qquad (8\text{-}7)$$

である。このとき、補論で示すように、個々の家計の貯蓄は次の運動方程式に従うことになる。

$$b_t^i = (1-z)Rb_{t-1}^i + (1-(1-z)R)b^* \qquad (8\text{-}8)$$

したがって、$(1-z)R<1$ となるように、資産所得税率 z を

$$z > (R-1)/R \qquad (8\text{-}9)$$

とすれば、格差の拡大を防ぎ、経済を持続可能にすることができる。

このことを移転額 T の側から考えてみよう。目安となる $z=(R-1)/R$ を（8-7）式に代入し整理すると、格差拡大防止に必要な最低限の T の値は

$$T = \overline{c} - wx^{**}$$

となる。こうして、次の命題が得られる。

命題 16：格差拡大条件 $R>1$ が成立するケースでは、資産所得税を財源として、最低消費と労働所得との差額以上を再分配することが、格差拡大を防ぎ経済を持続させる政策となる。

4．まとめ

低成長期・停滞期の経済は、家計数の伸び悩みから消費需要

が低迷し、有効需要が不足する経済である。したがって、そこでは基本的に総需要拡大政策が有効となる。

この経済において、家計間の格差が拡大する条件は、**限界貯蓄性向×資産収益率＞家計数増加率**（＝労働力人口成長率＝経済成長率）であることが明らかとなった。この条件が成立するとき、家計が保有する追加的1単位の資産から1単位以上の将来の資産が生まれる。その場合、個々の家計が保有する資産の大小が、その家計の所得と貯蓄の大小を大きく左右する。貯蓄を通じて次世代に引き継がれる資産は、家計数の増加にあわせ毎期分割されるが、ある境界値以上の資産を保有する家計にとっては、高い所得・貯蓄による資産増加が、資産分割効果を上回り、時間の経過とともにその保有資産は拡大する。他方で、境界値を下回る資産しか保有しない家計は、その不足分に対応して所得と貯蓄水準が大きく下がり、資産分割効果も加わって、保有資産が時間の経過とともに減り続けることになる。こうして、豊かな家計と貧しい家計の格差が拡大する。

なお、労働分配率が低く資産収益率が高い経済では、格差拡大条件が成立しやすくなる。また、少子化で労働力人口成長率が低下すれば、一方で資産分割効果が弱まり、他方で労働所得が減少するので、格差拡大条件が成立しやすくなる。

格差拡大を防ぎ、持続可能な経済にするための政策は、資産所得税による再分配政策である。

第8章 低成長期・停滞期の所得格差と政策

●補論● (8-5)、(8-8)式の導出

資産所得税率 z および所得移転 T のもとで、家計 i の可処分所得は $y_{t-1}^i - z\pi_{t-1}^i + T$ となる。すると、予算制約より貯蓄は

$$B_{t-1}^i = y_{t-1}^i - z\pi_{t-1}^i + T - c_{t-1}^i$$

である。集計すると資産所得税と一括移転部分とが相殺されるので、総貯蓄は

$$\sum_{i=1}^{L_{t-1}} B_{t-1}^i = \sum_{i=1}^{L_{t-1}} (y_{t-1}^i - z\pi_{t-1}^i + T - c_{t-1}^i) = Y_{t-1} - C_{t-1}$$

と表せる。この式と、財市場の均衡条件 $Y_{t-1} = C_{t-1} + I_{t-1}$、および $t-1$ 期の投資により t 期の資本が形成されて $I_{t-1} = K_t$ であることより

$$\sum_{i=1}^{L_{t-1}} B_{t-1}^i = I_{t-1} = K_t \qquad (補\text{-}1)$$

となる。ところで、t 期の家計が受け取る貯蓄合計 $\sum_{i=1}^{L_t} b_{t-1}^i$ は、$t-1$ 期の家計が残す貯蓄合計 $\sum_{i=1}^{L_{t-1}} B_{t-1}^i$ と一致しなければならないので、

$$\sum_{i=1}^{L_t} b_{t-1}^i = \sum_{i=1}^{L_{t-1}} B_{t-1}^i \qquad (補\text{-}2)$$

である。すると、(補-1)、(補-2)より、家計 i の資産所得 π_t^i について

$$\pi_t^i = (1-\theta)Y_t \frac{b_{t-1}^i}{\sum_{i=1}^{L_t} b_{t-1}^i} = (1-\theta)Y_t \frac{b_{t-1}^i}{K_t} = \frac{(1-\theta)}{v}b_{t-1}^i$$

(補-3)

が得られる。ここで$(1-\theta)/v$は利潤率であり資産収益率である。

次に、税負担・移転を考慮して(6-1)、(6-2)、(6-3)式を修正すると、この財政政策の下での家計iの最適貯蓄は

$$B_t^i = (1-\alpha)(wx_t + (1-z)\pi_t^i + T - \overline{c})$$

である。家計iはこのB_t^iを後継家計に平等に分割すると仮定する。すると、$b_t^i = B_t^i/n$なので

$$b_t^i = \frac{(1-\alpha)}{n}\left(wx_t + (1-z)\pi_t^i + T - \overline{c}\right)$$

となる。

この式に(8-7)、(補-3)、(7-10)式より、T、π_t^i、x_tの値を代入し、(8-6)を考慮して整理すると(8-8)式

$$b_t^i = (1-z)Rb_{t-1}^i + (1-(1-z)R)b^*$$

となる。そして、資産所得税がなく、$z=0$の場合が(8-5)式である。

終　章

1. 低所得家計が直面する諸困難

　第Ⅰ部のモデルにおいて得られた結果から、個々の家計が低所得状態から抜け出すにあたり直面する3つの困難を抜き出すと、それは次のようになる。

　1）境界値の存在：所得を生む要素一般を"資本"と呼ぶことにする。時間が経過し世代が変わる中で、家計が低所得から抜け出すためには、単に次世代に資本が残せるだけでは不十分である。継続的に所得を高めていくためには、自らが受け取った以上の資本を次世代に残せなければならない。ところが、低い資本と所得の水準では、所得の大部分は消費に使われるので、貯蓄を通じて自らが受け取った以上の資本を次世代に残すことができない。結局、資本と所得の継続的増加が始まるためには、初期の資本とそれによる所得とが、ある境界値を超えていなければならない。ゼロから、あるいはほんのわずかな資本保有から出発し、少しずつ資本を増やすことで低所得から漸次脱出する、といったことは困難になる。

　2）教育費の高騰：個々の家計が教育費用を私的に負担する教

育制度が成立しているとする。そこでは、教育1単位の価格は、教育需要の拡大とともに上昇する。ただし、その教育需要とは、貧しい家計からのみ発生するものではなく、豊かな家計と貧しい家計の両方から発生する需要の複合物である。そして、豊かな家計の教育需要は速く増加するため、教育価格の上昇速度は、貧しい家計の所得上昇速度を上回るようになる。こうして、貧しい家計は教育価格高騰のせいで、教育水準上昇を妨げられる。教育水準は人的資本形成を通じて所得水準を決めるので、貧しい家計の所得上昇は困難になる。ここでは、豊かな家計の所得上昇が貧しい家計の所得上昇を妨げるので、いわゆるトリクルダウンとは逆の現象が生じる。

3）**債務の返済負担**：完全な信用市場が存在すれば、貧しい家計でも教育費用を借り入れることができるので、豊かな家計と同様の教育を受けることが可能となる。ただし、そのことと家計間の所得格差が解消することとは同じでない。借り入れは利子を含めて返済しなければならない。そして、債務返済分を差し引いた後に残る所得が少なければ、消費をまかなうことだけで精一杯となり、次世代に貯蓄を残す余裕が奪われる可能性が生じる。その結果、次世代が教育を受ける際にも、また借り入れに依存することになる。こうして、教育費用を借り入れる家計は、将来世代にわたり借り入れを繰り返し、債務返済に追われ続けるために、所得を高めることが困難となる。

2. 信用市場の役割

　第2章は、経済発展における信用市場の役割を考えるうえで、最も簡単なモデルを示した。このモデルにおいて、完全な信用市場は資産の効率的利用を実現し、資産収入により高所得家計の貯蓄を促進する。さらに、高所得家計による資産蓄積が進めば、利子率低下を伴って低所得家計の所得も上昇し、長期的には格差も解消されていく。信用市場は、うまく機能すれば経済発展と格差縮小に貢献する可能性がある。しかし、信用市場は常に理想的に働くとは限らない。少し複雑な第4章のモデルでは、完全な信用市場が存在する場合でさえ、資産収入をもとに豊かな消費を続ける家計と、債務返済に追われ続ける貧しい家計との格差が、長期的に解消されないケースが発生した。

3. 高成長、低成長、長期停滞

　第Ⅱ部では、第Ⅰ部で用いた家計の消費・貯蓄行動を、企業の生産行動と組み合わせた。そのようにして形成された都市経済モデルでは、労働力人口移動および労働力人口成長率の状況に応じて、次のような結果が生じた。

　1）高成長：地方から都市経済へ、大規模に労働力人口が移動する。それによって、都市経済に新たな家計が大量に生まれる。生産と比例して家計数が増えることで、消費も高率で成長する。これが、高い経済成長率のもとでの恒常状態を成立可能にする。

2) 低成長：地方から都市へ移動可能な労働力人口が枯渇する。それにより都市における労働力人口(＝家計数)の増加は、人口自身の増加率によって制約される。そのもとで消費と総需要の増加が抑制される。このとき家計数に対する総需要水準の比率が低くなることで、雇用率および貯蓄率が低下し、新たな恒常状態が成立する。

3) 長期停滞：労働力人口の成長率自体が低下すると、消費の成長が抑制され、経済成長率はそれ以前よりもさらに低くなる。この低成長率のもとで、将来の生産のために必要な現在の投資水準が低くなる。そのため各期の家計数に対する総需要の比率が低下し、それにより雇用率が低下する。

このように考えると、①労働力の大量移動を伴う高成長、②労働力移動停止後の失業率上昇を伴う低成長、③労働力人口成長率低下のもとで失業率がさらに上昇する長期停滞、という3つの状態を整合的に理解できる。

戦後の日本経済史として、高度成長期・低成長期・長期停滞期を論じる場合、一般的には以下のような多様な要因が総動員される。戦後直後の経済改革、日本人の勤勉さ、豊富な若い労働力、労使協調体制、優秀な官僚と成長政策、高い貯蓄率、欧米からの技術導入、「三種の神器」等の消費財、高い教育水準、平和な環境と少ない軍事支出、固定相場制、安価な石油、石油ショック、技術面でのキャッチアップ終了、自由貿易と輸出主

導、変動相場制と円高、バブルの形成と崩壊、人口高齢化、新興諸国の追い上げ、等々である。それに対して、本書第Ⅱ部では、要因を絞り込み単純化して、労働力移動および労働力人口成長率の変化に注目すれば、失業率の動向を含めた3つの時期の基本的な構造が把握できるのではないか、という問題提起を行った。

4. 所得分配と格差動向

　第Ⅱ部のモデルにおける、所得分配と格差動向の関係を取り上げてみよう。この場合にカギとなるのは、限界貯蓄性向×資産収益率と家計数増加率(＝労働力人口成長率＝経済成長率)との大小関係である。前者が後者を上回れば、家計間の格差は拡大する。そして、この格差拡大条件が成立するのは、労働分配率が低く、所得の多くが資産所得として分配されるケースである。この場合、労働所得は低いので、それだけでは次期に資産を残すのに十分でない。他方で、資産収益率は高いので、保有する資産の大小が、その家計の所得と貯蓄を大きく左右し、したがって次期の資産水準に大きく影響する。ある境界値以上の初期資産を保有する家計は、その差額分が所得を大きく増やし、次期に残す資産はさらに大きくなる。逆に、境界値以下の初期資産しか持たない家計は、その不足分が所得を大きく下げるので、次期に残す資産が減少する。こうして、労働分配率の低い経済

では、初期に境界値以上の資産を持つ家計とそうでない家計の間の格差が、時間の経過とともに拡大する。

さらに、この格差拡大条件は、労働所得のみでは最低消費水準確保が困難となる条件と同値であった。これを逆から見ると、次のような簡単な命題となる：資産を持たず労働所得のみで生活する家計であっても、最低水準以上の消費ができて、貯蓄が残せる状況の実現が、所得格差の拡大を防ぐ。

また、少子化で労働力人口が減少し、家計数増加率が低くなる社会では、格差拡大条件が成立しやすくなることにも注意が必要となる。そのような経済では、一方で、資産分割効果が弱まるため、豊かな家計の資産蓄積が促進される。他方で、低い家計数増加率が生み出す低い経済成長率の影響で、雇用率が下がり、労働所得は最低消費の維持を困難にする水準にまで低下する。

格差拡大条件が成立している経済を修正するための簡単な方法は、法人税率または資産所得税率を高め、その税収を各家計へ移転する政策である。

5．残された課題

本書のモデルは非常に単純化されているので、当然ながら多くの検討できていない問題がある。そのうち第Ⅱ部に関係するいくつかの課題をあげると次のようになる。

1) 分析は恒常状態における比較静学にとどまっているが、移行過程はどうなるのか。
2) 都市経済のみが検討されているが、地方経済を含めて総合的に扱うとどうなるのか。
3) 三大都市経済一般への家計の大量流入は、高度成長の末期で終了したとしても、東京圏への一極集中は持続している。このことをどのように考えればよいのか[60]。
4) 技術進歩をどのように扱えばよいのか。
5) 労働力人口成長率の決定要因をどのように考えるとよいか。
6) 家計の限界貯蓄性向が一定のモデルになっている。限界貯蓄性向が所得とともに上昇するという現実的なケースを、どのように扱えばよいのか。

これらについては、これからの検討課題としたい。

---

[60] 新古典派の枠組みではあるが、Nakajima (1995) は過密・過疎が進行する経済の諸問題を論じている。

謝　辞

　本書を書くにあたり、中村英樹氏との共同研究内容を利用させていただきました。また、森誠教授をはじめとする大阪市立大学の金曜セミナー参加者の方々からは、有益なコメントや示唆を得ました。さらに、脇村孝平教授と大阪市立大学経済学部同僚のみなさんには、本書をまとめる機会と時間とを与えていただきました。これらの方々に感謝いたします。そして、簡単なモデルで経済の仕組みを把握する魅力を教えていただいた、瀬岡吉彦先生に感謝いたします。

　本書の出版に際して、大阪市立大学証券研究センターの助成を得ました。

参考文献

<英語>

Banerjee, A., Newman, A., 1993. Occupational choice and the process of development, Journal of Political Economy 101, 274-298.

Blanchard, O., Kiyotaki, N., 1987. Monopolistic competition and the effects of aggregate demand, American Economic Review 77, 647-666.

Bräuninger, M., Vidal, J., 2000. Private versus public financing of education and endogenous growth, Journal of Population Economics 13, 387-401.

Dixit, A., Stiglitz, J., 1977. Monopolistic competition and optimum product diversity, American Economic Review 67, 297-308.

Galor, O., Moav, O., 2004. From physical to human capital accumulation: Inequality and the process of development, Review of Economic Studies 71, 1001-1026.

Galor, O., Moav, O., 2006. Das human-kapital: a theory of the demise of the class structure, Review of Economic Studies 73, 85-117.

Galor, O., Zeira, J., 1993. Income distribution and macroeconomics, Review of Economic Studies 60, 35-52.

Glomm, G., Ravikumar, B., 1992. Public vs private investment in human capital: endogenous growth and income inequality, Journal of Political Economy 100, 818-834.

Harris, J., Todaro, M., 1970. Migration, unemployment and development: a two-sector analysis, American Economic Review 60, 126-142.

Harrod, R., 1939. An essay in dynamic theory, Economic Journal 49, 14-33.

Kaldor, N., 1956. Alternative theories of distribution, Review of

Economic Studies 23, 83–100.

Matsuyama, K., 2000. Endogenous inequality, Review of Economic Studies 67, 743–759.

Moav, O., 2002. Income distribution and macroeconomics: the persistence of inequality in a convex technology framework, Economics Letters 75, 187–192.

Nakajima, T., 1990. Harrod's knife-edge and consumption functions, Metroeconomica 41, 99–109.

Nakajima, T., 1995. Equilibrium with an underpopulated region and an overpopulated region, Regional Science and Urban Economics 25, 109–123.

Nakajima, T., 2014. Migration, employment, and industrial development in Japan, Theoretical Economics Letters 4, 656–661.

Nakajima, T., Nakamura, H., 2009. The price of education and inequality, Economics Letters 105, 183–185.

Nakajima, T., Nakamura, H., 2012. How do elementary and higher education affect human capital accumulation and inequality? A note, Macroeconomic Dynamics 16, 151–158.

Nakamura, H., Nakajima, T., 2011. A credit market in early stages of economic development, Economics Letters 112, 42–44.

Ono, Y., 2011. The Keynesian multiplier effect reconsidered, Journal of Money, Credit and Banking, 43, 787–794.

Piketty, T., 2000. Theories of persistent inequality and intergenerational mobility, Handbook of Income Distribution, edited by Atkinson and Bourguignon, Amsterdam: North-Holland, 429–476.

Piketty, T., 2014. Capital in the Twenty-First Century, translated by Goldhammer, Harvard University Press.

Rothschild, M., White, L., 1995. The analytics of the pricing of higher education and other services in which the customers are inputs,

Journal of Political Economy, 103, 573-586.

Stiglitz, J., 1969. Distribution of income and wealth among individuals, Econometrica 37, 382-397.

＜日本語＞

瀬岡吉彦, 1984 年.『資本主義経済の理論―正統派経済学の再検討―』, ミネルヴァ書房.

中嶋哲也, 2011 年. 完全信用市場の下での不平等持続,『経済学雑誌』第 111 巻第 4 号, 32-40.

■著者紹介

中嶋 哲也(なかじま てつや)
　1959年 京都生まれ。1982年 同志社大学経済学部卒業、1991年 大阪市立大学大学院経済学研究科後期博士課程退学。岩手大学講師、立命館大学助教授を経て、現在、大阪市立大学経済学部教授。

経済発展と格差 ―簡単な家計モデルによる検討―
2015年8月24日　第1刷発行

著　者　中嶋 哲也　　©Tetsuya Nakajima, 2015
発行者　池上　淳
発行所　株式会社 **現代図書**
　　　　〒252-0333　神奈川県相模原市南区東大沼2-21-4
　　　　TEL　042-765-6462（代）　　FAX　042-701-8612
　　　　振替口座　00200-4-5262　　ISBN　978-4-434-20877-5
　　　　URL　http://www.gendaitosho.co.jp　E-mail　info@gendaitosho.co.jp
発売元　株式会社 **星雲社**
　　　　〒112-0012　東京都文京区大塚3-21-10
　　　　TEL　03-3947-1021（代）　　FAX　03-3947-1617

印刷・製本　モリモト印刷株式会社

落丁・乱丁本はお取り替えいたします。　　　　　　　　　　Printed in Japan
本書の内容の一部あるいは全部を無断で複写複製（コピー）することは
法律で認められた場合を除き、著作者および出版社の権利の侵害となります。